ミシェル・フーコー　王寺賢太 訳
Michel Foucault
INTRODUCTION À L'ANTHROPOLOGIE DE KANT

カントの人間学

新潮社

目次

装画　岡崎乾二郎
装幀　新潮社装幀室

カントの人間学

凡例

一、本書は、Emmanuel Kant, *Anthropologie du point de vue pragmatique*, précédée de Michel Foucault, *Introduction à l'Anthropologie de Kant*, Paris, Librairie philosophique J. Vrin, 2008 のうち、「カント『人間学』への序論」を原題とする、ミシェル・フーコーの博士論文（副論文）の日本語訳である。原著にはカント『実用的見地における人間学』のフーコーによる仏訳も併録されているが、この部分は割愛した。同書の邦訳については岩波書店版『カント全集』第十五巻などを参照されたい。

二、フーコーは本書において、フランス語を添えずにドイツ語をそのまま多用しているが、このドイツ語については、訳者の判断により適宜取捨選択し、「　」内に日本語と併記した。

例：Geist →「精神 Geist」

三、原著では各章が＊によって区切られているだけだが、読者の便宜のために章題を付した。

四、［　］内は訳者による補足である。

五、原注箇所は（1）（2）（3）で、訳注箇所は＊で示した。

編者前書き

博士号取得のための副論文はふつう公刊されることはなかった。ここに刊行するカントの『実用的見地における人間学』の「翻訳、序論、および注記」は、フーコーの副論文*だったのである。主論文の『狂気の歴史』のほうは、審査委員に提出する前にまず出版社を見つけなくてはならなかった。一九六八年以前にはそんな規則があったのだ。フーコーが出版社を見つけるのに苦労したことは知られている。[1] そのうえ、副論文の審査委員だったジャン・イポリットとモーリス・ド・ガンディヤックは、フーコーに翻訳と序論の出版を分けて考えるように勧めた。この序論に、さらに展開されるはずの独立した試論の端緒を認めたからである。フーコーがそれに目覚ましいやりかたで応えたことを私たちは知っている。こうして生まれたのが、『言葉と物』だった。

本書の研究は一九五九年から一九六〇年の間、ハンブルクで行なわれた。カントの資料が保管されているロストックから遠からぬこの街で、フーコーはフランス学院の院長をしていた。フーコーは本書のなかで幾度も、『人間学』の草稿とニコローヴィウス書店刊*の版本との間の異同を指摘している。とはいえ、古文書を飽くことなく渉猟したこの人物が、ロストックで直接草稿にあたったという保証はない。一九六四年に『人間学』の仏訳を出版した際、(2)フーコーはそこに付された短い序文*で、主要な異文が自分の使ったプロイセン・アカデミー版のカント全集に収録されていると明記している。(3)その他の典拠は、彼がドイツで買って持っていた、一九二二年刊のカッシーラー版全集全十一巻のなかに見いだされる。

批判的思考の創生に付き添うように二五年間にわたって講じられたカントのテクストの「深い地層」は、本書において「生成と構造」というカテゴリーにしたがって問われている。それは、この博士論文の指導教官でもあったイポリットがヘーゲルの『精神現象学』に捧げた大著*に対するオマージュだった。しかし、「生成と構造」というカテゴリーに対応しているのは研究の始まりと終わりだけで、その中心部ではむしろ「反復」というカテゴリー（この論文ではハイデガー的な色彩を帯びている）が用いられている。『実用的な見地における人間学』は、カントによる批判の企ての結論でも部分でもなく、十八世紀に成立した経験的な人間学と批判哲学とを適合させようとする試みだったという。実のところ、この研究は、フーコーにとっては一九五〇年代以来決定的な重要性を持っていた問題、すでにフッサールが告発していた問題にとりくむものだった。すなわち、哲学の人間学化の進行という問題である。一度も引用されてはいないとはいえ、非常に影響の目につきやすいハイデガーの哲学も、おそらくこの人間学化の進行とは無縁ではなかっただろう。

「人間認識と超越論的考察」と題された一九五二〜五三年のリール大学での講義——現存するフーコーの哲学的なテクストのうちでもっとも古い九七枚の手稿——ではすでに、十九世紀の哲学における人間学的な主題の運命が、カントから、ヘーゲル、フォイエルバッハ、マルクス、ディルタイを経て、ニーチェまで辿られている。その際、カントの著作で言及されているのは、一八〇〇年にG・B・イェッシェの手によってニコローヴィウス書店から刊行された『論理学』の短い一節だけだった。

フーコーは一九五二年からニーチェに導かれて「一個の偉大な批判家にすぎな

かった、ケーニヒスベルクの偉大な中国人」(4)を再読し、一九五三年からはハイデガーに導かれてカントとニーチェを再読する。一九五四年のビンスワンガーへの序文(5)と、『狂気の歴史』〔一九六一〕の最終章「人間学的円環」にはその痕跡が認められる。一九六四年になって、ジョルジュ・カンギレームの口添えで『人間学』の仏訳をヴラン書店から出版する際には、フーコーは近々「批判的思考と人間学的考察の諸関係」について論じるつもりだ、と注のなかで告知できるまでになっていた。*

そんなことができたのも、フーコーが一九六三年十一月にプラド美術館でベラスケスの「ラス・メニーナス」をじっくりと鑑賞した折りに、表象の時代から人間学の時代へと移り行く歴史の大筋を垣間見ていたからだった。どのような方法をとればよいかわからぬままにその歴史を予告していたかつての副論文を出版することは、新たな展開にとってはむしろ邪魔になりかねなかった。こうしてフーコーは、近代哲学の運命のなかにではなく、比較的最近の知の配置——生産と生物と諸国語についての知の配置——のなかに、人間の形象の勃興とありうべき消滅を位置づけることになる。この形象は、十八世紀に経験的=超越論的二重体としてあらわれたというのである。

経験的な内容に超越論的な価値を付与したり、経験的な内容を構成的な主観性の側に位置づけたりする際に、少なくともひそかに、なんらかの人間学に訴えずにいることはおそらく不可能だろう。ここで人間学というのは、認識（したがって、あらゆる経験的な知）の権利上の限界が、同時に現実存在の具体的な形式でもあるような思考様式、さらにこの具体的な形式が当の経験的な知において与えられるとするような思考様式のことである[6]。

どうして今になってこのテクストを出版しようというのか？　フーコーが一九六四年にこのテクストを出版しなかった理由は、すでに挙げたとおりである。折りにふれて様々な読者が、あらゆる博士論文と同様、ソルボンヌの図書館——請求記号 W 1961(11^{1}) 4°——に保管され、閲覧可能で、したがって公開されていた本書のタイプ原稿を参照しては、フーコーに向かってどうしてあれを出版しないのかといぶかしんでいた。そんなとき、フーコーはきまって、当時のフランスに人文系のよい編集者がいなかったことを憤っていたものだった。

フーコー没後、この博士論文はそれ自体いくつかの博士論文や試訳の対象となり、それらは往々にしてウェブ上でアクセス可能となっている。
タイプミスや、フーコーによる手書きの修正の写しから来る不分明な箇所のせいで、多くの混同がきりもなく繰り返されている。したがって、ここでもコレージュ・ド・フランスでの講義の編纂にあたってとられたのと同じやりかたを採用し、定本をヴラン書店から出版するために編纂委員会を作った。そもそもフーコーがカントの仏訳を出版することを望んだのは、生前よく立ち寄っていたこの書店からだったのだから。

二〇〇七年十月

ダニエル・ドフェール
フランソワ・エヴァルド
フレデリック・グロ

1　『人間学』の日付

『人間学』〔一七九八〕のある注によると[1]、このテクストの内容は、執筆以前におよそ三〇年にわたって講じられていた。冬学期の講義で人間学をとりあげ、夏学期の講義では自然地理学をあつかうことにしていたのだという。しかし、実はこの三〇年という数字は正確ではない。カント〔一七二四～一八〇四〕は早くも一七五六年には地理学の教育を始めていたのだから。一方、人間学の講義が開始されたのは、ようやく一七七二年から七三年の冬学期になってのことらしい[2]。

このテクストが現在知られているようなかたちで出版されたのは、ちょうど講義が終わり、カントが最終的に教授職から引退した頃のことである。一七九七年の『新ドイツ・メルクーア』は、ケーニヒスベルク発のニュースを報じている。「カントは今年『人間学』を上梓する。彼がこの論考をいままで自分の手もとにとどめてきたのは、受け持ちの講座のうちで学生が集まるのはもうそれくらいしかなかったからだ。もはや講義をしない以上、公衆の手にゆだねるのを渋ることはない」[3]。たしかにカントの授業計画は、一七九七年の夏学期の講義紹介にはまだ記載されている。けれども彼はすでに、公式にではないにしても公開の場で「高齢のため、もう大学で講座を担当することを望まない」[4]と告知していた。講義は最終的に打ち切られ、カントはそのテクストを印刷に付した。

この決定稿以前に『人間学』がどのようなものだったのか、その様々な状態について私たちはほとんどなにも知ることができない。カントの死後、シュタルケ*は聴講生がとったノートを二度にわたって出版したが[5]、この二つの著作はいずれも全幅の信頼を寄せられるものではない。そもそも、没後二七年*もたって出版されたノートを鵜呑みにはしにくいのだ。とはいえ二冊目の講義録には、カントによって出版されたテクストにはない重要な要素がひとつ含まれている。「知的な快と不快について」と題された章*である。シュタルケによると、この章の手稿は、印刷に付すためにカントがケーニヒスベルクからイエナに向けて発送した際になくなってしまったのではないかという。ところが実のところ、ロストックの図書館所蔵の『人間学』の手稿には、いずれかの断片が失われたと思わせるようなものは存在しない。カントはその著作の印刷にあたって、かつて口頭で行なった講義の一部については収録を望まなかったというのがいっそう真相に近いだろう。

他方、シュタルケが編集した一冊目の講義録が注目に値するのは、年代についての具体的な情報を含んでいるためである。この本に収められた聴講生のノートは一七九〇年から九一年の冬学期の講義でとられている。このノートは『人間学』の構想と構造そのものにかかわる二つの点で、一七九一年から決定稿執筆までのあいだになんらかの変化が起こったにちがいないことを示唆してくれる(6)。

二五年間にわたって形成され、展開され、カントの思想が新たな定式化とともに明らかになるにつれて変形されたにちがいないこのテクストについて、私たちはしたがってそのひとつの状態しか、つまり最後の状態しか知ってはいない。私たちに与えられたテクストはあらかじめいくつもの堆積層をそなえたものでありながら、それが形作られた過去に対しては閉じられている。初期の探究が終わり、批判が始まり、カントの思想が三部からなる均衡に発展して、ついにはライプニッツの回帰とシュルツェの懐疑論とフィヒテの観念論に対する防衛の体系の成立にいたる*、その二五年間を『人間学』は封じ込めており、堆積はなお続いているにもかかわらず、その深い地層の年代確定をゆるす外的で確実な基準はひとつも存在しないのだ。

しかし、『人間学』が批判哲学の企てに対してどんな関係で均衡を保つものだったかを知るのは、無意味なことではないだろう。すでに一七七二年から『批判』の基底に特定の具体的な人間のイメージが存在しつづけていて、そのイメージはどれほど哲学的に練りあげられようと本質的には変わらず、ついには大きな修整もなしに、カントが公刊した最後のテクストのなかで定式化されたのだとしたらどうだろうか。* この人間のイメージが批判の経験をかいくぐったあとにも損なわれることがなかったのなら、もしかすると、このイメージは批判の経験を組織し支配したとは言わないまでも、少なくともそれを導き、ひそかに方向づけるようなものだったのではないか。だとすれば、『批判』と『人間学』は、不分明ではあるが強固にとどまりつづける、目的論的な関係をとり結んでいたことになるだろう。けれども反対に、『人間学』は、批判の試みが発展するにつれて基本的な要素において大幅に変更されたのかもしれない。テクストの考古学が可能であれば、それまでの人間とは構造において本質的に異なるような「批判的人間《ホモ・クリティクス》」の誕生に立ち会わせてくれるかもしれない。その際、『批判』は哲学の「予備学*」という本来の性格に加えて、人間存在の具体的な諸形式の誕生と生成に不可欠な役割を担っていたことになる。そのとき人間には、真理の諸条件の批判から生まれた娘である、なんらかの批判的真理があることになるだろう。

けれども、これらのあまりに単純明快な問いかけに対して、疑問の余地のない解答など期待せずにおこう。『人間学』のテクストは、その最終的なかたちで与えられている。そして、私たちにとって導きの糸となりうるのは、いずれもきわめて部分的な四組の手がかりだけなのだ。

a. 人間学に関する「覚書」。アカデミー版全集はこれらの覚書をまとめて、その年代確定を試みている。(7) ただし、これらの断章のほとんどは、それぞれの時点で『人間学』がどのようなものでありえたかのイメージを与えてくれるほど長いものではない。また、年代の推定は慎重なものではあるけれど、その区分は一七九八年の［出版時の］プランにしたがって、あたかもこのプランが［講義の始まった］一七七二年から不変の枠組みであったかのように見なしてなされている。細部の変更はそのうえではじめて解読可能になっている。

b. 「講義草稿」。アカデミー版はこれを二部に分け、一方に一七七〇年代のものを、他方に一七八〇年代のものを収めている。(8)「覚書」と同様の難点があるものの、これらのテクストを一七九八年のテクストと比較すると、『人間学』自体の意味に、あるいはこの著作の均衡の中心に、重大な横滑りが生じているのが見てとれる（「講義草稿」では、より大きな重要性が、歴史、市民性、世界市民主義《コスモポリテイスム》といった主題に付与されている）。

c. 『人間学』の決定稿と前批判期の諸テクストとの比較、また同時期ないしほぼ同時期の諸テクストとの比較。これによって、講義の開始からその出版にいたるまでまったく変更されなかったいくつかの要素をとりだすことができる。だが逆に、一七九六年から九八年にかけてカントの思想を支配したいくつかの問題が『人間学』の決定稿に力を及ぼしているのもたしかである。この観点からすると、一七九八年のテクストのいくつかの主題は比較的最近になって加わったものにちがいない。

d. 人間学の領域をあつかう同時代のテクストとの対照。たとえば、カントがかなり早くから読んでいたバウムガルテン*の「経験的心理学」(9)と符合するいくつかの箇所は、疑いなく『人間学』のなかに当初からつねにあったものだろう。反対に、たとえばシュミット*の『経験的心理学』(10)〔一七九一〕と符合する箇所は、あきらかに後から付け加えられている。しかし、ここでもまた慎重でなくてはならない。というのも、カントが既刊の本から借用したのか、逆にその本の著者が、カントが書いた学説や口頭で行なった講義（学生のノートによって伝えられたもの）から『人間学』やその源泉に見られる論点を借用したのかを見きわめるのは概ね不可能なのだから。たとえば、イート*はカントの全作品をよく知っていて、自身の『人間学試論』でしばしば言及しているし[11]、シュミットもカントに参照を求めている[12]。

しかし、こういったつきあわせはすべて周縁をきわだたせるのに役立つばかりで、中心的な問題である人間学と批判の諸関係を手つかずのまま残してしまう。とはいえ、どれほど不確実なものであろうと、これらの手がかりが示唆することを無視してはならない。そこから学んだことを『人間学』のテクストと『批判』のテクストに対照させることで、カントの最後の著作が、前批判期の一連の探究と、批判の企ての総体と、批判以後に人間についての認識の種別性を明らかにしようとしていた一群の仕事とに、ひとしくかかわることが見きわめられるだろう。この三重のかかわりによって、『人間学』は逆説的にも、『批判』に先立つもの、『批判』を達成するもの、そしてまもなく『批判』を清算するものと、一挙に同時代のものになる。

まさにこの理由から、この著作の分析にあたっては、生成的展望と構造的方法*

を完全に切り離してしまうことはできない。私たちがあつかおうとしているテクストは、その厚みそのものにおいても、またその最終的なあらわれと諸要素の均衡においても、それが閉じる運動の全体と時代をともにしているのだ。ただ、批判という企て全体の生成だけが、もしくは少なくともその運動総体の再構成だけが、この最後の形象を解き明かすことができる。批判の企ては人間学というこの形象において完成され、消え去る。逆に言えば、人間学と批判のあいだの諸関係の構造が正確に見さだめられたときにはじめて、最終的な均衡に向かう生成の道行きは解読可能になるだろう。もっとも、『オプス・ポストゥムム』*が超越論哲学とようやく合流する地に一歩を踏み出していたというのが本当なら、それは最終的な均衡というよりも、最後から二番目の均衡かもしれないのだが。

まず日付の問題からかたづけよう。

いくつかの手がかりのおかげで、一七九八年十月にニコローヴィウス書店から出版された『人間学』のテクストの執筆時点を、かなり正確に位置づけることができる。

1. 一七九七年三月後半の日付を持つクリストフ・ヴィルヘルム・フーフェラ

ント*宛の手紙で、カントは『マクロビオティック、すなわち人間の寿命をのばす術』(イェナ、一七九六)の献本に感謝している。カントは本を読むことを約束しながらも、「自分の食欲を生き生きとしたものに保つとともに、身体的な存在としての人間に生気を与える道徳的素質の力という、大胆で魂を高揚させる構想をはっきりと理解して、『人間学』に活用したいと思っているので(13)」、その読書の喜びは加減しなくてはなるまいという。

2. 一七九七年九月二〇日にはすでにテクストはかなり進んでおり、友人や文通相手からなるサークルでは出版は間近だと思われていた。「読者たちはあなたの『人間学』を大歓迎するでしょう」とビースター*は書いている。そして、もう執筆は終わったと考えていたのか、次のように言いそえている。「あなたが今年中にその原稿を印刷に回されるなら素晴らしいことです。もう随分長いこと、みんな待ちこがれてきたのですから(14)」。

3. 同年十一月五日、ティーフトルンク*はまだ本が出ないことにいささか驚きつつ、様子を尋ねている。「公衆はあなたの『人間学』を待っています。もうすぐ出版なのでしょうか(15)」。

4. だが実のところ、この時点で執筆が終わっていたのかどうかはよくわからない。カントは『諸学部の争い』〔一七九八〕の公刊に執念を見せ(16)、細心の注意をもってとりくんでいただけに、当時の手紙のなかには『人間学』についての言及はあまり見られないのだ。一七九七年十月十三日付の手紙で、カントはティーフトルンクに自分がいつ死ぬともしれないと語ったうえで、ゲンジヘン教授*に託される予定の二つの「論文」を勧めている。ひとつはもう二年前に全体の執筆が終わっており、もうひとつは完成間近だという(17)。これが『人間学』の手稿だとはまず考えられない。「論文 Abhandlung」という言葉は、『人間学』のように長いテクストには似つかわしくない。話題になっているのはむしろ『諸学部の争い』の二つの節のことだろう。だとすれば、『人間学』の本格的な執筆は始まっていなかったと見なすべきだろうか。あるいは反対に、それはすっかり出来上がり、すでに出版社に送られていたのだろうか。

5. シェーンデルファーは、『人間学』の手稿がアルブレヒト・ハラーに言及した箇所でレス博士を名指していないことを重視している*。そこには単に「大学でかつて〔ハラーの〕同僚だった著名な神学者」とある。ところが、印刷に付されたテクストにはレス博士の名が見えるのだ(18)。この人物は一七九六年に亡くなっているから*、カントは彼の存命中にその名を明記したくなかったのかもしれない。

その場合、訃報はいったん手稿が完成し、おそらくは印刷に回された後に伝えられたことになるだろう。

6. もっと重要で説得力のある手がかりは、手稿に見られるいくつかの文章が、ほとんどそのまま「単なる決意によって病的感覚を統御する心の力について」のテクストに移っていることだ。これは『諸学部の争い』の第三部となるテクストである。カントは一七九七年四月十九日付の手紙*で、このテクストの主題をごく最近思いついたアイデアとして語っている。彼はその頃七三歳の誕生日を目前にしていたが*、幸いにもこれといった病気はせずに済んできた。この経験をもとに「心理学的な薬」について論じてみたいというのである。[19] 実際、フーフェラントに宛てられたその前の手紙(三月末)では、そんな話はまだ出ていない。『マクロビオティック』を読んでからカントが執筆を決意したことは、「心の力について」巻頭の「フーフェラントへの返答」からもわかる。ところで、このテクストは『実用薬学・外科術雑誌』(第五巻第四冊、一七九八)に、『人間学』から採録されたいくつかの文章とともに発表されている。[20] したがって『人間学』は、フーフェラントの雑誌のための記事が書かれたときにはすでに完成していたか、ほぼ完成に近かったと考えられる。

7.『人間学』の注のひとつは「心の力について」に参照を求めている。[21] しかし、この注はロストック図書館所蔵の手稿には見られない。だとすると、カントがこの手稿を執筆した時期にはフーフェラントのための記事は完成していなかったか、おそらくはまだ手をつけられてさえいなかったと思われる。

8. 手稿の欄外に記された注のひとつが、一七九七年に二つのドイツ語訳が出たハーン*の著作に参照を求めていることも注意を引いた。つまり、カントは手稿をいったん執筆し終えた九七年の後半にそれを読んだにちがいないというわけだ。しかし、カントがすでに『たんなる理性の限界内の宗教』〔一七九三〕でハーンを引用していたことにも注意しなければならない。[22] その場合、この欄外の注は記憶にもとづく追加にすぎないことになるだろう。

以上の情報は、かなり正確な日付を指し示している。『人間学』の手稿は、その主要な部分については、一七九七年の前半、おそらくは最初の三、四ヶ月の間にはまとめられていた。「心の力について」を生んだ突然の着想はたぶん、完成間近な『人間学』の執筆を中断させはしなかっただろう。けれども、それは印刷と最後の仕上げを遅らせることにはなったらしい。『人間学』に加えられた最終的な変更（重複する文章の削除、注の追加）は、ひとまず「心の力について」が完成を見て、おそらくはフーフェラントに送られてしまった後で、直接印刷業者に送られるか、校正刷に書き加えられるかしたにちがいない。

2 前批判期とのかかわり

以上のような正確な日付の確定そのものはまったく無意味なものではないにしても、決定的なものでもない。日付の確定が意味を持ち、またその意味が広がりを示すのは、当該の時点で執筆されたテクストを同時期のテクストだけでなく、人間学の初期の講義に前後するテクストに近づけてみるときである。『人間学』のテクストの起源が一七七二年、すなわち『感性界と知性界についての論考*』［一七七〇］と『さまざまな人種について』［一七七五］の間にあるとすると、『人間学』が前批判期を閉じ、コペルニクス的転回*を予告しようとする数年の間に生まれていることが見てとれるだろう。

いずれにせよたしかなのは、一七九八年に公刊されたテクストが、前批判期の様々な著作にさしたる困難も目立った変更もなしに整合することだ。

a. 『美と崇高の感情についての観察』（一七六四）。このテクストと『人間学』

の照応は、すでにロジェ・ケンプ*によって入念にかつ正確に指摘されている。(1) それはとりわけ気質の分析において顕著である。たしかに、両者のパースペクティヴはまったく異なっているかもしれない。『観察』の論述は道徳感情の問題にそって整理されており、その際、気質の分類は事実として与えられたものとされている。それに対して、『人間学』の気質についての記述は、行動と感情の緊張と緩和という原理からなされる一種の演繹によっている。(2) しかしその内容は、表現や言葉づかいにいたるまで驚くほど似通っている。たとえば胆汁質*の人物について、『観察』には「彼の優しさは礼儀作法であり、彼の心遣いは儀礼である sein Wohlwollen ist Höflichkeit, seine Achtung Zeremonie」とあるのに対し、『人間学』は「彼は礼儀正しい、ただし儀礼上のものだが er ist höflich aber mit Zeremonie」という。(3) 同様の合致は男女の性格や、(4) 様々な国民性を区別する特徴について語る際にも見られる。(5) これらはすべて、『人間学』のテクストが遠い起源を持つこと、いくつかの要素が二、三十年ものあいだほぼ変化を見せず、ほとんど文字通りにとどまったことをよく示している。

b.　『心の病についての試論』*(一七六四)。ここでも多くの共通の要素が見られる。たとえば、「愚者は賢明ではなく、阿呆は利口でない Der Tor ist nicht weise, der Narr ist nicht klug」という「愚かさ Torheit」と「阿呆 Narrheit」の区別。[6]* また、「無能力 Ohnmacht」の病と「混乱 Verkehrtheit」の病の分類*は、『人間学』ではその意味を変えることなく、「心の機能不全 Gemütsschwäche」と「心の病 Gemütskrankheiten」の対比にいたる。[7] けれども、『人間学』が機能不全の枠内に分類する狂気のいくつかの型（「馬鹿 Dummheit」、「幼稚さ Albernheit」、「愚かさ Torheit」）は、『試論』では別にあつかわれ、唯一同情に値する真の病よりも程度の低いものとされていたことは指摘しておこう。それらの狂気の型は、「これらおぞましい病 diese ekelhaften Krankheiten」[8]*と呼ばれていた。他方、重篤な心の病の根本的な区分は『試論』と『人間学』で同じ術語でなされているものの、その内容はまったく異なっている。『試論』の分類は単純なものだ。「惑乱 Verrückung」*は、心気症《ヒポコンデリー》のように経験の概念を損なって幻想を生む。[9]「妄想 Wahnsinn」*は、憂鬱症《メランコリー》のように判断力を冒す。[10] そして、「錯乱 Wahnwitz」*は判断に関する理性を損なう。[11]『人間学』ではこの分類は変更され、分類を組織立てる概念が可能的な経験にかかわるものとなる一方で、「狂気 Verrückung」*という一般的な分類のもとに、ソヴァージュやリンネ*よろしく「乱心 amentia」、「妄想 dementia」、「錯乱 insania」、「妄執 vesania」*が配列されている。[12]『試論』のテクストとの親近性はまだ明らかだが、ここには批判のもたらした発見と同時代の学問の進展に即した再調整がはっきりと見てとれる。

c.『人間学』に、モスカティの『動物と人間の構造における身体上の本質的な相違について』をカントが書評した一七七一年のテクスト*の残響があることも指摘しておこう。[13] カントは二六年の時を隔てて、原始人の直立という彼の眼には無用のものとも映る難問に触れている。

d.『さまざまな人種についての試論』(一七七五)。『人間学』はこの『試論』で論じられた問題についてはわずかに一頁足らずしか割かず、カントの考えを要約したギルタナーの近著『博物学に関するカント的原理について』に参照を求めているだけである。[14]* しかし、カントが知の編成のなかで『人間学』をどう位置づけていたかを理解するためには、『さまざまな人種についての試論』をしめくくる短い一節を見逃すことはできない。[15]『試論』は一七七五年夏学期の自然地理学の講義を「予告」するためのもので、そのかぎりでこの学問分野に属する。とはいえこの自然地理学という学問は、それ自体を目的とするものでも、それだけで成り立つものでもない。それは、のちに『人間学』で人間知と同義とされる「世界知 Weltkenntnis」*に先立つ研究なのだ。この世界知は二つの固有な特徴を持つものとして構想されている。

——世界知は「獲得されたあらゆる知識と技能に[16]」ついて、単に学校《スコラ》的な知を増やすだけでなく、具体的な生を組織し導く実用的*な境地に立たなければならない。

——そのためには、知が働く二つの領域である自然界と人間界は、狂詩曲の主題のように雑然ととりあげられてはならず、宇宙論的《コスモロジック》なやりかたで捉えられなくてはならない。すなわち、自然界と人間界からなり、この両者が所を得て、たがいに位置づけられるような全体との関係において捉えられなくてはならない。


こうした主題は、『人間学』の「序文」と最後の数頁で示されているものに近い。しかし、主題の内容（実用性の優位と、緊密なまとまりを持ったひとつの全体として世界を認識しなければならないという配慮）はそのままだとしても、反対に構造のほうは食い違っている。自然地理学と人間学は、人間と自然の対置によって分節された世界認識の対称的な二つの半身として並列されることはなく、世界知へと向かう使命は完全に人間学にゆだねられる。もはや人間学が自然と出会うのは、あらかじめ人間の居住可能な場として考えられた「地球*」という姿のもとでしかないのだ。その結果、地理学と人間学を前もって遠くから支配し、自然についての知と人間についての認識の統一的な参照枠とされるような、宇宙論的《コスモロジック》なパースペクティヴという理念は雲散霧消して、コスモポリスの理念*にとってかわられる。このコスモポリスの理念はプログラムとしての性格を持っており、それにしたがって世界はすでに与えられた宇宙としてよりも、建設さるべき政治《シ》共同体《テ》としてあらわれるのである。

3　批判期後とのかかわり

カントの著作のもう一方の極において、『人間学』は、右に挙げたものとは別のいくつかのテクストと時期を同じくしている。これらのテクストとつきあわせてみると、カントの到達点とは言わないまでも、少なくとも『人間学』に最近になって加わったものが見きわめられる。こうして始まりと終わりを押さえておくことで、私たちは歴史的であると同時に構造的な事実、諸々のテクストの年譜と著作の建築術の双方においてあらわれるあの事実、すなわち批判的思考と人間学的考察の同時性という問題にとりくむにあたって、多少なりとも備えをかためることができるだろう。

それでは、かくも昔から気にかけ、かくも深く自身の著作活動に根を下ろしていたこのテクストを、カントが出版に向けて仕上げようとしていた時期に、彼の考察にとって最新の主要な関心事はどのようなものだったのか。

1. ヤーコプ・ジギスムント・ベック*との文通の最後の逸話。

カントがベックに宛てた手紙のうち、哲学的に意味のある最後のものは一七九四年七月一日付のものである。その手紙は、ベックが「対応づけ Beilegung*」と呼ぶものにかかわっている。「対応づけ」とは、主観によって規定されるものとしての表象を、表象とは区別される客観に帰すことであり、この対応づけによって表象は認識の要素となる。*カントは、表象がある対象に「帰される」のではなく、他のなにものかへの関係が表象に帰されるのであって、だからこそ表象は他の人に伝達可能になるのだと注意をうながしている。彼はまた、多様なものを把捉し、それを意識の統一のなかにとりこむということは、合成*によってはじめて可能となるものを表象することにほかならない、と主張する。私たちのあいだでたがいに伝達が可能なのは、この合成によってなのである。言いかえれば、客観への関係こそが表象を各人にとって妥当なものとし、それゆえ伝達可能なものとするのだが、だからといって私たちが自分で合成を行なわなければならないことにはかかわりがない。『批判』の主要な主題――客観への関係、多様の綜合、表象の普遍妥当性*――は、こうして伝達の問題を中心に据えて大がかりな再編成をこうむる。超越論的*な綜合は、経験的な共有の可能性においてはじめて均衡をとったかたちで示されるのである。経験的な共有は、「合意」と「伝達」という二重の形式であらわれる。一見矛盾するようだが、表象が物に帰属させられてはいないこと、つまり多様性があらかじめ結合したかたちで［主観に］与えられてはいないことこそが、他人との諸表象のやりとりをつねに可能にする。なぜなら、主観はどのように触発されるかによっては規定されず、表象を合成することにおいて自らを規定しているのだから。「私たちが理解でき、また他の人に伝えることができるのは、私たち自身が作ることができるものだけなのです(1)」。

ベックとの哲学的な文通はここで終わっている。カントは手紙の終わりに、「私自身、自分の言ったことをもはや十分には理解していないような気がしてきました*」と書いている。そして、ベックのような数学者が「私たちの認識能力の細く単純な糸」を十分に明晰に示してくれたら、と願っている。実を言うと、ベックとの対話はもはや再開されることはなかったにしても、いわばはすかいに続けられた。実際、ベックはさらに三通の手紙をカントに送っている。最初の手紙はまだ先の問題設定を引き継ぐもので、意識がもたらす綜合による統一や、表象はほかならぬ表象行為自体によって客観に結びつけられることについて語っている(2)。第二の手紙は二つの主題にかかわる(3)。ひとつは、感性と知性の還元不可能性*

（感覚を触発する対象は物自体*なのか現象なのか？　知性はその対象を感性ぬきで構成することができるのか？　感性の役割は主観を触発することにあり、知性の役割はこの主観的な触発をある対象に関係づけることにあるのか？）。もうひとつは、理論的なものと実践的なものの関係*（人間は実践的意識において自然よりも高い次元にいたるとはいえ、それでもなお「自然的対象」にとどまる）。そして最後の第三の手紙は、知性における本源的なつながりの問題とともに、実践哲学と理論哲学のあいだに区別を設けないフィヒテの誤りに関するものである。[4]* これらすべてについて、カントは少なくとも直接的には回答を与えていない。せいぜいティーフトルンク宛の短い手紙*が、ベックとの軋轢に触れているくらいだ。しかし、真の返答は『人間学』のなかに見いだされる。ひとつは印刷されたテクストのなかに、もうひとつはその刊本が省いた手稿の長い一節のなかに。

a.　印刷されたテクストのなかでは、感性にあてられた領域の広がりと充実ぶりが注目に値する。たしかに「把握の力」というものがあって、感覚の内容を生み出す能力を持つかのようにみえる。そもそも、それは「直観*を生み出す」ことができるではないか。しかし、そこで問題になっているのは、認識一般の能力として考えられた知性である。[5]* 厳密に言えば、知性は感性的直観に対立し、感性的直観は知性には還元不可能なものとされている。* 再生産の能力としての想像力* さえ、感性的直観の本源的でのりこえ不可能な生産性にしたがうとされるほどだ。[6] だが、知性がこの原初的な提示の力を打ち消すことも構築することもできないとはいっても、この提示の力が直観のア・プリオリな諸形式*によって、主観に根本的に結びつけられていないわけではない。知性と感性が対立するからといって、両者の同一性を際立たせるためにベックが「経験するもの das Erfahrende」*と呼ぶものの統一が脅かされることはないのである。「考える存在としての私は、感じる存在としての私とひとつにして同じ主観である」[7]。

『人間学』はまた、内感と統覚をわざわざ区別している。統覚は人間がすることの意識であり、内感は人間が感じることとの意識であるという[8]。これらの定義は『批判』の定義と重なりあうものの、一定のずれを孕んでいる。『批判』が「我惟う」の単純性に帰着させていた統覚[9]*は、今度は主観の本源的な能動性にひきよせられる。一方、『批判』が時間のア・プリオリな形式にしたがって分析していた内感[10]*は、「思考の戯れ Gedankenspiel」[11]の原初的な多様性において与えられる。この「思考の戯れ」は主観の支配さえ及ばないところで演じられるもので、そのために内感は構成的な活動というよりも、本源的な受動性のしるしとなる。*

b. 公刊されずに終わったテクストのなかで、カントは自己認識の問題をより詳細に論じている。そこであらためて経験的な意識として定義された内感は、私を対象としてのみ認識するという。その際、観察された私は、内部知覚の諸対象の「総体」という意味を持つ。かたや統覚のほうは、より『批判』に近い意味で、知的な自己意識として定義される。そのとき、統覚はいかなる所与の対象にも、いかなる直観的内容にも関係づけられない。それはただ規定する主観にのみかかわり、そのかぎりで心理学や人間学にではなく、論理学に属すとされる。こうして、フィヒテが指摘したような主観の分裂*という大いなる危険が兆すことになる。主観性の二つの形式はもはや、不均衡な主観 - 客観関係においてしか通じあうことはないのだろうか。[12] カントも認めるように、これは「大きな難題」である。しかし、ここで問題になっているのは「二重の私 doppeltes Ich」ではなく、「この私についての二重の意識 doppeltes Bewußtsein dieses Ich」であることを心に留めておかなくてはならない。[13] つまり、「私」は統一性を保持する。その「私」があるときは知覚の内容として、またあるときは判断の形式として意識にもたらされるのは、「私」が「規定する主観 das bestimmende Subjekt」であると同時に「自己自身を規定する主観 das sich selbst bestimmende Subjekt」として、自己を触発しうるかぎりのことなのである。* したがって、知性に還元できない感性が主観を分裂させるおそれはないし、その危険を回避するために経験のすべての領野を知性の唯一の主権のもとに回収したり、知性をすぐれて「経験するもの」* としたり、さらには諸カテゴリーのなかに「知性のはたらき Verstandesverfahren」の本源的な形式を含めたりする必要はない。フィヒテの思想に震撼させられたベックが、カント的な主観の分裂を回避するために採用せねばならぬと考えた極端な解決策など不要なのだ。

　印刷されたテクストと手稿の双方に読みとれる、こうしたはすかいの返答の起源は、ちょうどカントが『人間学』の決定稿を執筆していたときに（あるいは、それよりほんの少し以前に）ベックから届いた手紙にあった。公刊されずに終わった文章は、ベックに対する返答や彼の提起した問題についての考察にあまりにも限定されすぎていたために、結局『人間学』自体のなかには収められなかったのかもしれない。だが一方でこの論争は、どれほど周縁的だったとしても、人間学一般が可能になる空間を明らかにしてくれるものだった。その空間とは、自己の観察が主観そのものや綜合する純粋な私ではなくて、むしろ客観としての私に、ただ現象の真理のなかにのみ現前する私にいたるような地帯である。けれども、時間の形式のもとで感覚に与えられるこの私＝客観が、規定する主観と無縁だというのではない。というのも、それは結局のところ自己自身によって触発される主観と別のものではないのだから。したがって人間学の領域とは、自然の機械論と外在的な規定の領域であるどころか（もしそうなら、それは「生理学 Physio-logie」*となろう）、本源的な受動性の領野において行使される自由の、物静かで、解き放たれ、しばしば逸脱を見せる現前が住まう領域にとどまりつづけるのである。一言でいえば、人間学に固有の領域は、綜合と受動性の、また触発されるものと構成するものの具体的な統一が、時間の形式のなかで現象として与えられる領域として素描されている。

　しかし、このような人間学の位置づけは超越論的な考察によってはじめて可能になる。だとすれば、人間学の問題に無縁とは言わないまでも、少なくとも人間学に固有な考察のレベルに縁遠いテクストの採録を、カントが断念したのも当然だった。『人間学』には、人間学の水準に属すものだけが姿を見せなくてはならない。つまり、自己の観察の具体的な諸形式の分析が。とはいえ、あらためてつきあわせてみると、印刷されずに終わったテクストと印刷されたテクストは二つの異なった次元においてベックに答え、フィヒテの災厄を振り払い、人間学のありうべき場所をその外側から、あたかも窪みのなかにあるもののように描き出すというふるまいにおいて一致しているのだ。

2. 法権利の形而上学に関する議論

十六世紀以来、法思想は、国家という一般的形式に対する個人の関係、あるいは所有という抽象的形式の下での物に対する個人の関係を定義しようとしてきた。ところが十八世紀の後半に入ると、諸個人のあいだの帰属関係が、夫婦や家族集団や世帯や「家」といった具体的で個別的なありかたにおいて問われるようになる。ブルジョワジーが自らの根拠として、また正当化の論拠として前提する市民社会は、いかにしてこのような限定的な単位に個別化されうるのか。この限定的な単位は封建的なモデルからはもはやなにも借用しないにもかかわらず、当のモデルが決定的に消滅しようとしているときになお残存しなければならないというのである。クリスチアン・ゴットフリート・シュッツ*は、『法権利の形而上学*』[一七八五]のカントが、こうした個人間の諸関係をあまりにも忠実に物への法権利の主要な形式のモデルになぞらえすぎているのではないか、と懸念していた。そもそもカントは、「物に対するしかたで人格に対する法権利について」と題された章のなかにそれらの諸関係を位置づけていたのではなかったか。その章は、取得の本質的な三つの形式にしたがって三つの領域に分かれていた。すなわち、男は女を取得する、夫婦は子供を取得する、家族は奉公人を取得する。(14) それに対してシュッツは、婚姻関係において「女が男の物になる」とは考えない。結婚においても男が女から満足を引き出すことができるとしても、その満足のありようは女をそこまで単純な身分におとしめはしない。真に他人の物化と言えるのはただ食人だけであって、結婚とそれに伴う権利が人格を「代替可能な物件 res fungibiles」と化すことはない。それは下僕についても同様で、彼らを拘束することやその権利が社会生活の根本的な規則のなかに書き込まれえないかぎり、下僕を物と見なすことはできない、というのである。要するに、シュッツが様々な局面で提起するのは、万民法によっても物への法権利によっても説明できないにもかかわらず、実際にブルジョワ社会に点在する離れ小島[=夫婦関係や家族関係といった個々の限定的な単位]が、いかに構成されうるかという問題だった。つまり、具体的なものの理論や我有化の分析によっては汲みつくすことのできない自発的な綜合が、すなわち支配のありかたが主権とも所有権とも異なる法権利の外縁が、問題にされているのである。

一七九七年七月十日――おそらくちょうど『人間学』の執筆を終えようとしていた頃――のシュッツ宛の手紙で、カントは相手の反論に答えている。性関係における「相互援助 mutuum adjutorium」は婚姻の法的に必然的な帰結である。つまり、男女の関係における物化は法権利を根拠づける事実ではなく、法の下に置かれた状態から帰結する事実であり、そのかぎりにおいてこの状態をくつがえすものではない。結婚の枠組みの内であろうが外であろうが、「自由思想家《リベルタン》」の放蕩が「女の物化であることにかわりはなく」、食人と異なるのはただ見かけのことにすぎない。逆に、結婚という法的形式をとるか否かによって性関係の道徳的な意義は大きく異なるけれど、その内容自体にかわりはない。つまり、パートナーの一方は他方に対してひとつの物、つまり快楽の「援助」にとどまる。法権利は事実を正当化する。しかし、この根拠づけによって法権利が事実の内実を損なったり、その内実になんらかの変化をもたらしたりすることはない。

使用人との関係についても同じことが言える。たしかにそこで問題になっているのは人格ではあるだろう。しかし、その関係は法的には占有の関係である。ひとが誰かを自分の占有の下におくということは物に対する法権利を示している。使用人は日雇いで働く人とは異なって、「家政 Hauswesen」に不可欠な一部分をなしている。法的な関係が物化するといっても、人格の本質が物に変わることはなく、ただ人格が人格に対する場面に人格の物への関係が設定されるだけなのだ。シュッツの異議は道徳的な視点と法的な視点を、また人間的な人格と法的な主体を混同している。返答にあたって、カントはこの区別をふたたび厳密に立てなおすのである。(15)

しかし、シュッツによる反論は人間学的な問題意識のまさに核心をついていた。その問題意識は、法と道徳が合流するとともに分岐する特定の地点に位置するからである。『人間学』が「実用的《プラグマティック》」なのは、それが人間を諸々の精神からなる道徳的な共同体《シテ》に属するものととらえる（もしそうなら、『人間学』は「実践的《プラティック》」と呼ばれるだろう）のでもなく、諸々の法的主体からなる市民社会に属するものととらえる（その場合は「法的」となるだろう）のでもなく、むしろ「世界市民」として、つまり具体的普遍の領域に属するものとして考察するからなのだ。この領域において法的な規則に規定され、従属する法的主体は、同時に自身の自由において普遍的道徳法則を担う人間的な人格でもある。「世界市民」であるとは、特定の法的規則の総体と同じくらい具体的で、道徳法則と同じくらい普遍的なこの地帯に属するということなのである。『人間学』が実用的であることと、人間を世界市民としてとらえることは、したがって同じことを意味する。だとすると『人間学』が示さなくてはならないのは、占有の領域に依拠する法的な関係、すなわち物への法権利が、自由の主体たる人格の道徳的な核心をいかにして保持しうるかということだろう。この核心を保持することが同時に、それを危うくすることにもなるのだとしても。

『人間学』で描かれる男女関係のパラドクスはまさにそんな危うさを示している。[16]自然状態にあって、女は「家畜 Haustier」にすぎない。しかし、野蛮な一夫多妻制のもとではすでにひとつのゲームが始まっている。たしかに妻たちは物化されてはいるものの、そのあいだでいつ何時いさかいが起こっても不思議ではないから、彼女たちのライヴァル関係やコケットリーによって、かえって妻たちを所有する者が争いの対象に化してしまう。ハーレムの狡知とでもいうべきものにしたがって、気まぐれな主人《メートル》の専制はただちに、その時々に気まぐれに選ばれた愛妾《メトレス》に対して君主が示す服従にとってかわられるのだ。とはいえ、文明化された社会の一夫一婦制の構造によって妻が所有物という性格から解放されるわけではない。そのため、妻が不貞をはたらいて夫婦関係を破壊したときには、夫はすでに内実を失ったこの関係の対象を無に帰してもかまわない。つまり、妻を殺してもかまわない。*だが、この暴力的な関係たる嫉妬、ときに破壊にまでいたる妻の物化としての嫉妬は、妻の価値の承認である。妻が交換可能な単なる商品におとしめられるとしたら、それは逆に夫が嫉妬を感じない場合だろう。夫が持つ嫉妬する権利は——殺人まで含めて——、妻の道徳的自由の承認なのだ。しかし妻にしてみれば、この自由に発する第一の要求は、嫉妬から逃れて自分が単なる物以上のものであると証明するところにあり、その証明は嫉妬を掻き立てることによってはたされる。だから、夫の嫉妬はこの抑えつけがたい自由の行使を前にしてなすすべもないのである。こうして、一夫一婦制の法権利のなかに、妻を夫のものとする「物への法権利 jus rerum」と、全人格に自由の主体を認める道徳法則の均衡点として浮気*が成立する。とはいえ、この均衡点は終着点でもなければ、公平な分かちあいでもない。浮気は複数の要求の錯綜以外のなにものでもないのだから。つまり、自分自身の望むような結婚のなかに女の自由を抑えこもうとする夫の要求と、結婚しているにもかかわらず男に対する主権を行使しようとする妻の要求の錯綜である。こうして、絡みあう網が一挙に編み出される。その網のなかでは法権利も道徳も純粋な状態で存在することはないけれど、その法権利や道徳の絡みあいこそが、人間の行為に作用する場や具体的な余地を提供する。それは根本的な自由のレベルにあるのでもなければ、法的規則のレベルにあるのでもない。ここにあらわれているのは特定のかたちをとった実用的な自由である。その実用的な自由においては、要求と狡知が、怪しげな意図と人目をあざむく隠蔽が、主導権を握ろうとするひそかな企みが、そして忍耐と忍耐のあいだで成立する妥協が問題となる。

カントはこういったことすべてを、『人間学』の序文で暗示していたように思われる。そこでは、「自由に行為する存在 freihandelndes Wesen」としての人間が自分自身に対してなすこと、なしうること、なさねばならないことを規定するのが本書の目的であると述べられていた。* それは、自己自身を立ちあらわせる運動をつうじて自己自身を限定する、自由と自由の取引である。あるいはまた、交換に際して行なわれる妥協が、単純な相互承認の透明性には決して尽きぬような駆け引きだと言ってもよい。人間を「自由に行為する存在」としてとりあげることで、『人間学』は一大「自由 - 交易」圏を出現させる。そこで人間は自分たちの自由をまるで手渡しするように流通させ、物静かで途絶えることのない取引によって諸々の他人と結びつくのだが、その取引こそが人間に地球上の表面のすべてを住処とすることを可能にする。世界市民、である。

3. フーフェラントとの文通と『諸学部の争い』第三部

実を言えば、『人間学』を執筆していた頃の手紙は、カントが年齢のせいでもはや展開できなくなったと感じていた批判哲学の諸問題よりも、老いが自分自身に驚き、自分自身を問うとでもいうようなある種の問題に関心を向けていたことを示している。超越論的な問題の仔細をあらためてとりあげることはかなわないというのに、それでもなお自分自身の主人にとどまって用心深く一切の病から身を守ろうとするこの老いとは、いったい何なのだろうか。それはただ長引いているだけの生なのか、それともついに完成にいたった生なのか。この分別ざかりの年頃は、はかない生の時間を理性*によって統御しうるということを示唆しているのか。けれども、望むと望まぬとにかかわらず、私たちに対して否応なく生の最終期限を突きつけてくる時の流れを、理性の能動的な綜合によって回避し支配して、平穏な英知の王国と化すことなどできるのだろうか。――こうして三度、『人間学』の最後の仕上げがなされようとしていたこの時期に、受動性と時間の問題が突出するようにあらわれる。

これは、フーフェラントが『マクロビオティック、すなわち人間の寿命をのばす術[17]』でとりあげたのと同じ問題である。このテクストは、ライルやハインロート*が参加したドイツ医学の運動に根ざしている。その運動は病の観察に悪の形而上学をあてはめ、どのような共通の重力にしたがって、病理学的《パトロジック》な機械論《メカニスム》への崩落が自由の原罪への転落と正確に対応するかを見いだそうとする壮大な人間学的試みだった。[18]フーフェラントの著作はそこまで極端ではなかったとしても、この思潮に近接するものではあった。というのも、実用書ならではの控えめな調子をとっているものの、この著作はやはり「人間における身体的なものを道徳的な観点からあつかい」、「道徳的な陶冶が人間本性の身体的な完成にとって不可欠である[19]」と示すことを目指しているのだから。ルソーの影響のもと十八世紀末を支配していた道徳的教化をめざす医学は、この著作で完成とともに意味の反転を見せている。この新たな倫理的生理学において健康が徳と関係づけられるのは、ティッソー*が考えていたように自然の直接性に帰らねばならないからではなく、理性が身体を隅々まで統御せねばならないからなのだ。健康とは、ひとつの有機的な全体があますところなく合理的な形式によって支配されているような、人間存在の目に見える裏面なのである。この合理性の形式はあらゆる分割を超えていて、倫理的であると同時に有機的である。つまり、健康とは自由のはたらく空間、自由が作用できる空間であり、まさにその作用によって構成される空間である。もし病による「受苦《パトス》」に、なにか「情念《パッション》」に類するものがあるとしたら、それは穏やかな自然の世界からあまりにも隔たってしまったせいではなくて、自由の精神的な弓が緩んでいるせいなのだ。決定論とは自由の弛緩にほかならない。しかしそれは必ずしも病の原因ではないし、単なる病の結果でもない。この自由の弛緩はむしろ、病がみずから生成する過程である。つまり、有機的な合理性がみずから解体して、その過ちによって自身の自由を断念するにいたる過程そのものである。だからこそ、自由をよく用いることによって、身体の機《メカニック》構《メカニスム》を機械論への罪深い転落から守り、「人間の寿命をのばす das menschliche Leben zu verlängern」ことができる。

医学におけるこの新しい発想はまもなくひとつの自然哲学となるのだが、それまではカント主義との類縁関係を自認していた。一七九六年の十二月十二日付の手紙でカントに『マクロビオティック』の献呈を伝える際にも、フーフェラントはその類縁関係を全面的に受け入れている。彼によると、この献呈は二重の意味で当を得ているという。ひとつには、もっとも過酷な精神的仕事のなかでも老いてなお若々しさを保てることをカントが身をもって示しているからであり、またひとつには、つきつめて言えば「真の人間学」と呼べるような人間についての認識をカントの著作が可能にしてくれるからである。[20]

フーフェラントから手紙と著作を受けとった時——著作はずいぶん遅れて一七九七年の三月半ばに着いた[21]——、カントはまさに同じ問題に関心を抱いていた。彼はフーフェラントのテクストを熟読することを約束し、著者の考えをはっきりと理解して『人間学』のなかで生かせるように十分に時間をかけるつもりだと言う。[22]およそ三週間後の手紙*では、「病的感覚を統御する心の力について」「養生法」を書いてみようと思いたったと語っている（「アイデアがちょうど頭に浮かびました」）。医学的な著作というより個人的な経験についての考察ではあるけれど、フーフェラントに送るつもりだ、と。この「養生法」はカントによって二度にわたって使われるだろう。最初はフーフェラントに送られて、彼の雑誌に載せても、序文と考察を付して単独で出版してもよいとされる。[23]次は『諸学部の争い』の第三部として、[24]哲学部と他の三学部［＝神学部、法学部、医学部］の関係についての体系的な検討の一部となる。こうして、養生法を作りあげようとする医学の試みに対して哲学者がなした個人的な貢献は、同時にそのまま、日常的な健康法の定義をめぐる、学問としての医学と哲学的な考察のあいだの論争と線引きを企図するものとなる。

とはいえ、このテクストにはポレミックな色彩はさほど見られない。哲学部と神学部の「争い」には「和平の締結」以外の解決策がないのに対して、* 哲学と医学の関係は当初から平和的なのである。医学的な処方と哲学的な教訓は、二つの学の本性上おのずと入れ子状に収まる。道徳的で実践的な哲学はある意味で「普遍的医学」であり、あらゆることについてあらゆる人に役立つわけではないにしても、どんな処方箋にとっても不可欠である。なぜなら、それは養生法に対して積極的普遍である（健康なはたらきを維持するための法則を定める）ことによって、医学に対して消極的普遍である（病を遠ざける）からだ。* 哲学は普遍性の境位にあり、それに対して医学の次元はつねに特殊性として位置づけられる。哲学は医学にとって不可欠で、指示を与えることのできない地平をなしていて、健康と病の諸関係の全体はそのなかに包摂されるのである。たしかにこの優先権は、人間の直接的な願望の序列を問うときには隠されてしまう。ひとが長寿と健康を願うといっても、そのうち無条件なのは最初の長寿の願いだけで、それゆえ死によって解放されることを望む病人も、いざ最期の時が来るときまって猶予を求めるのだから。しかし、この無条件な願望も生の次元においては二次的である。健康な状態で起こる自然死など存在しない。それを感じずにいたとしても、病はそこにある。病とはなしにすますことのできない「死の種子」[25]なのだ[*]。だから、生存をのばす術は、生を完全に統御して絶対的な死に勝利するのではなく、生のただなかにあって病と健康の関係を整える、節度を持った相対的な技法なのである。

だとすると、この技法の意義は「病的感覚に対する心の統御」といった観念によっては必ずしも正しく表現できない。というのも、感覚はあるがままにあり、変更がきくのはその感覚に向けられる注意の強度と持続でしかないのだから。心気症《ヒポコンデリー》が妄想なのは、「病素 Krankheitsstoff」が欠けているせいではなく、想像力が病素とそのあるがままの現実に、幻想の戯れを投影するせいなのだ。病そのものについて言えば、心によって統御されうるのは、それが痙攣のかたちをとるときだけである[26]。ここで「痙攣 spasme」という言葉は、空洞を持つ器官の筋肉組織の不随意的な収縮［たとえば胃痙攣］としてよりも、あらゆる十八世紀の医学が考えたように、身体組織の自然で通常の運動が抑制されたり加速されたりすること（後者は前者の逆説的な結果である）という、より広い意味にとらなくてはならない。これらの運動、いや、むしろ運動の変調に対しては、精神は均衡をとりもどすことができる。生の運動は思考が身体組織上に持つ一ヴァージョンであり、不可欠な対応物であって、自身の思考を統御する主人である心はこの生の運動を統御する主人でもある。心が働かなければ、生は眠りに、すなわち死に落ち込むしかない（ひとが眠るとき、救ってくれるのは夢しかない）。だから、生の運動が均衡を失って痙攣しつづけるような場合には、心は適切な動きをとりもどしてやらなければならない*。

フーフェラントに送られたテクストと『人間学』は直接に通底している。両者は同じ次元にあるのだ。「心の力について」の最後の二節をのぞけば[27]、ほかはすべて『人間学』でとりあげられた主題と交錯している。すなわち、心気症、夢、栄養と消化の問題、考えるのに適した時についての考察。睡眠についての長い一文は、『諸学部の争い』と重複するために『人間学』の手稿から削除されている。同時に執筆された二つのテクストは、同じ思考の血脈に属しているのである。

おそらく、フーフェラントのためになされた研究は、カントにとって『人間学』に重圧をかけつづけていた難題のひとつを解決するのに役立つものだった。つまり、「自然的人間《ホモ・ナトゥーラ》」とは何かについての分析を、自由の主体たる人間の定義とどう分節するかという難題である。一七七〇年代の講義草稿では、問題はただ

「一、自然物としての人間についての認識、二、人倫的存在としての人間についての認識」というふうに分離されて考えられるか、あるいは「世界知とは、一、自然知、二、人間知であるが、人間は同時にひとつの自然を持つ」[28]といった円環をなすものとして考えられているだけだった。後年の断章では、「使用 Gebrauch」の方向で解決が素描されているが、その内容も可能性もまだ無規定なままにとどまっている。「人間知は、われわれはみずからの意図に即して自然をもっともよく使用できる、という理念を根拠とする」[29]*。この「使用」の意味が明確化されるには、『諸学部の争い』と一七九七年の執筆まで待たなくてはならない。そこではじめて、身体の運動が「条件づけるもの」（生と死、覚醒と睡眠、思考と非思考を条件づけるもの）でありながら、諸々の心の運動とその自由な行使によっていかに「統御され」うるかが明らかになるのだ。「痙攣」についての理論は、身体の自発的で受動的な綜合がいかにして心の意志的な綜合によってとりあげなおされ、修正されうるかを示していた。しかし、この心による綜合は決して成し遂げられることはないだろう。つまり、死をも支配するような主権を握って、自らを死から奪いとることはないだろう。老いとはそのしるしであり、まさにこの統御が受動的綜合の自発性のなかで砂に埋もれ、身動きもままならなくなることを示している。歳をとることは病ではないとしても、歳をとるにつれて病は統御できなくなる。こうしてふたたび、時間が支配するのである。

4　使用＝慣用の地平

ここで、しばらく立ち止まってみなくてはならない。そしてひとつの方便として、『人間学』を『批判』に参照を求めずに位置づけられるかのようなふりをしてみよう。『人間学』自体がそのように誘っている。なぜなら、一七九八年のテクストが『批判』を明示的に前提とすることなどないのだから。だとすると、このテクストは前批判期から追憶を受けつぐだけで、批判期後の現在の体系のなかにすっぽりと収まってしまうのだろうか。いずれにせよ、いくつかの主題がすでに立ちあらわれている。

1. 人間学的な思考は、博物学的な意味で人間の「本質 Wesen」を定義し、その定義のなかに人間を封じ込めようとするものではない。「われわれはここで人間を探究するとはいえ、なにも人間の自然的なありかたがいかなるものかを問うているのではない」と一七七〇年代の講義草稿もすでに言っていた(1)。しかし、一七九八年の『人間学』はこの決心を一貫した方法へ、断固たる意志へと転換する。自然の真理が到達点ではありえないことをあらかじめ見通したうえで、その道を進むという方法であり、意志である。「探索 Erforschung」であることは『人間学』の真髄である。つまり、それはある総体を踏破しようとするのだが、その総体はひとつの全体として与えられることも、自己自身のもとに安らうことも決してない。なぜならその総体は、自然と自由が「使用＝慣用 Gebrauch」――フランス語では「usage」という言葉*が、その多義性のいくぶんかと重なりあう――において絡まりあうような運動のなかにとらえられているのだから。

2. したがって、記憶についてではなく、記憶をどう用いるかについて研究すること[2]。人間が何であるかではなく、人間が自分自身をどうするかを記述すること。この主題はおそらく、人間学的な考察にとっては最初から核心そのものであり、特異性の指標でもあった。「ここでわれわれが人間を探究するのは（…）、人間が自分自身をいかになすか、またひとが人間をいかに使用することができるかを知るためである」。講義草稿でさだめられたプログラムはこのようなものだった[3]。一七九八年にはそれは二重に変更をこうむっている。第一に、『人間学』はもはや「ひとはいかに人間を使用することができるか」ではなく、「ひとは人間から何を期待できるか」を探し求める。[4]*第二に、『人間学』は、人間が自己自身について「なしうること」と「なさねばならぬこと」(kann und soll) を規定することになる。言いかえれば、「使用＝慣用」はさしせまった技術的関心の水準から引き抜かれ、自己自身に対して断固引き受けられた義務と他人たちに対する敬意をはらんだ距離という、二重の体系のなかに位置づけられる。すなわち、特異であると同時に普遍的なものとして定式化される自由、そのような自由についてのテクストのなかに位置づけられるのだ。

3. こうして、『人間学』の「実用的」な性格が定義される。講義草稿によれば、「社会のなかで一般的に使用されうる認識が、実用的と呼ばれる[5]」。つまり、実用的なものとは普遍的になった有用なものでしかなかった。一七九八年のテクストでは、それは「なしうること Können」と「なさねばならぬこと Sollen」のつながりの特定のありかたとなる。実践理性が定言命法*のなかでア・プリオリなものとして保証していたこの関係は、人間学的考察においては、日常的ないとなみの具体的な運動のなかで、すなわち「Spielen」のなかで保証される。フランス語の「jeu」に相当する、この「Spielen」の概念はとりわけ重要である。人間は自然の「戯れ jeu」ではあるけれど[6]、その「戯れ」は人間が「演じ jouer」、人間自身が「用いる en jouer」ものでもある。だから、たとえば感覚のもたらす錯覚のなかで人間が「翻弄される être joué」ことがあるとしても、それはこの「戯れ」の犠牲者となるようなしかたで彼自身が「演じた」からなのだ。[7] その「ゲーム jeu」を統御し、なにがしかの意図的な作為にもとづいてやりなおすこともできる。この場合には、「演技 jeu」は「技巧的な演技 künstliches Spiel」となり、彼が「用いる」見かけは道徳的に正当化される。[8] つまり、『人間学』は「遊戯＝玩具 jeu＝jouet」としての「Spiel」の両義性から、「芸術＝作為 art＝artifice」としての「Kunst」*の不確定性にいたる、こうした人間のいとなみの次元において展開される。

4. 日常的ないとなみの書であって、理論の書でも学校の書でもない。一七八〇年代のあるテクストのなかで、その対立は明快に定式化されている。「すべての人は二重の人間形成をとげる。すなわち、一、学校を通じて、二、世界〔＝世間〕を通じて」[9]。この対立は弱まるどころか、いっそう組織的になって、結局のところ学校の教えでしかない人間学講義において根本的な緊張をかたちづくる。世界の歴史を要約する文化の進歩が、おのずから世界の認識と実践に導く学校となる。[10] 世界とは当の世界そのものを学ぶための学校なのだから、人間学的考察の意義は人間形成に資するこの場に人間を位置づけるところにあるだろう。そのため人間学的考察は、分析となると同時にわかちがたく綜合となる。その考察はまず、人間が世界を獲得するやりかた（世界の認識ではなく、世界の使用＝慣用）の分析、つまり人間がどのようにして世界のなかに居場所をさだめて、その戯れのなかに入り、「共演 Mitspielen」することができるかの分析となるだろう。しかし、その考察は同時に、世界が人間に対して強いる諸々の命令や規則についての綜合、すなわち人間がそれにもとづいて自身を形成し、戯れを支配し、「戯れを理解する das Spiel verstehen」にいたるような命令や規則についての綜合ともなるだろう。[11] したがって、『人間学』は文化の歴史でもなければ、文化の諸形態の分析でもなく、あらかじめ有無を言わせぬかたちで与えられている文化の実践となる。この実践は人間に対して、自分たちの文化そのものに世界の学校を認めるように教えるのだ。そのかぎりで、『人間学』は『ヴィルヘルム・マイスター』と類縁関係のようなものを持つと言えるかもしれない。というのも、『人間学』もまた世界が学校であることをあらわにするのだから。しかし、ゲーテのテクストをはじめ、一般に教養小説《ビルドゥングスロマン》が物語にそって語ることを、『人間学』はあくまでも現在において、否応なくそのつどふたたび開始される日常的な「使用＝慣用」の形式のもとで飽くことなく繰り返す。そこで時間が支配するのは、現在の綜合においてのことなのだ。

ここまでが、『人間学』そのものの水準で、『人間学』に固有の傾向を示唆するいくつかの目印である。講義草稿を見ても分かるように、カントの人間学は本来、自然と人間、自由と使用、学校と世界の分割を踏まえて展開されていた。いまや、それらの二項の分割ではなく統一を認めるところに新たな均衡が求められるのだが、少なくとも人間学の水準では、この統一がふたたび問題にされることはない。『人間学』が探索する地帯は、自由と使用があらかじめ慣用の相互性のなかで結びあわされ、「なしうること」と「なさねばならぬこと」とが拮抗する戯れの統一のなかでたがいに属し、ある文化が与える諸々の指示によって世界が学校となるような地帯なのだ。いまや私たちは本質的なものに触れている。『人間学』において、人間は「自然的人間《ホモ・ナトゥーラ》」でもなければ純粋な自由の主体でもない。そこで人間はすでになしとげられた諸々の綜合のなかにとらえられており、その綜合によって世界に結びつけられているのである。

しかし、講義草稿とはちがって一七九八年のテクストがこのように言うことができたのは、『人間学』の言説が『批判』の苦闘や言葉と決して無縁ではなかったからではないだろうか。

5　心と精神――カント哲学の本源的事実

したがって、人間知としての人間学のなかには、なにがしかの世界知が含まれている。「世界知とは人間知である Weltkenntnis ist Menschenkenntnis」と、一七七〇年代の講義草稿のある断章も明言していた。[1] 一七九八年のテクストの序文も、世界に住まう人間、すなわち「世界市民 Weltbürger」を対象にさだめていた。[2]

とはいえ『人間学』は、少なくとも最後の数頁まで、世界に住む人間を、つまりこの宇宙《コスモス》にあまねく市民としての権利や義務や相互性や限界や交換をうちたてる人間を、特権的な主題として検討することはほとんどない。しかもこのような傾向は、「人間学遺稿」*の断章よりも、『人間学』の公刊されたテクストにおいてずっと顕著なのだ。その分析の大半、とりわけ第一部の分析のほとんどは、世界《コスモ》市民的《ポリティック》な「世界 Welt」の次元ではなく、内面的な「心 Gemüt」の次元で展開されている。そもそもこの点で『人間学』は、カントが百科全書的な編成にしたがって三つの『批判』の結びつきを示そうとしたときと同じパースペクティヴのなかにある。実際『判断力批判』の第一序論で、カントは次のように言っていた。「心の能力は総じて以下に挙げる三つのものに帰着する。すなわち、認識の能力、快・不快の感情、欲求の能力である」(3)。しかし、『人間学』で問題となる「心」がその探索にとってまさに第一義的な要素なのだとすれば、いくつかの問いを立てることができるはずだ。

1.「心」についての研究は、どのようにして世界市民たる人間についての認識を可能にするのか?

2.『人間学』が「心」を分析し、三つの『批判』がその「心」の根本的で還元不可能な三つの能力にしたがって編成されるのだとすると、人間学的な認識は批判的な考察とどのような関係を持つのか?

3.「心」とその諸能力についての探究は、どのような点で、心理学一般(それが合理的なものであれ、経験的なものであれ)と区別されるのか?

この最後の問いについては、『人間学』と『純粋理性批判』が直接答えてくれるようにみえる。だが、そこで答えのすべてが与えられているわけではない。

周知のように、『純粋理性批判』の「純粋理性の建築術」では、合理的心理学と経験的心理学が区別されている。合理的心理学は純粋哲学に、したがって形而上学に属するもので、ちょうど内感の対象が外感の対象に対置されるように合理的自然学に対置される。一方、経験的心理学は伝統的に長らく形而上学の一部とされてきた。それどころか、このところの形而上学の挫折をうけて、そこで解かれずに残っている諸問題の解決策は、むしろ魂についての経験的研究があつかう心理的な諸現象のなかに潜んでいるのではないか、とさえ考えられるにいたっている。こうして、心理学は精彩を欠いた形而上学から分不相応な地位を奪ってしまった。しかし、経験的な認識はいかなる場合にも、純粋理性に立脚する認識、つまり完全にア・プリオリな認識に原理を与えたり、その根拠を明らかにしたりすることはできない。だとすると、経験的心理学は形而上学から切り離されなくてはならないだろう。そもそもそれは形而上学とは無縁なのだ。けれども、この配置換えをただちに実行することはできない。なぜなら、自然についての経験的な学と対をなすはずの人間についての経験的な学のなかに、すなわち人間学のなかに、心理学の場所を確保してやらなければならないからだ。以上のように*諸学の編成を抽象的に考えているかぎりでは、すべては明快にみえる。

けれども、今日私たちが読むことのできる『人間学』は、どんな種類の心理学に対してもまったく場所を与えていない。それどころか、『人間学』における「心 Gemüt」の探索が「魂 Seele」の認識をもたらそうとはしない以上、『人間学』ははっきり心理学を拒否するものとして提示されている。心理学に対するこの位置づけの違いはいったいどこから来るのだろうか。

a. 形式の観点から言うと、心理学は内感と統覚を等価なものと見なし、両者の根本的な差異を見逃してしまう。しかし、統覚が純粋な意識のひとつの形式であり、したがって内容を持たず、「我惟う」によって定義されるだけなのに対して、内感は経験的認識のひとつのありようを指し、時間という主観的な条件のもとで結びつけられた現象の総体のなかで、私たちを自分自身に対して示すものである(4)。

b. 内容の観点から言えば、心理学は否応なく、変化と同一性についての問いかけに巻き込まれざるをえない。たえまない変容をもたらす時間のなかで魂は同じでありつづけるのか。魂がそれ自身についてなす経験にとっての条件は、そして現象にとって必然的な時間の進行は、魂そのものを触発すると考えるべきなのか。(5) 言いかえれば、魂の現実性のすべては散逸［dispersion］* する現象につきるのか、それとも非経験的な確固たる実体のなかに控えているのか。これらの問いはいずれも、「単純で非物質的なひとつの実体」という形而上学的な概念としての魂と、純粋な形式としての「我惟う」と、内感にあらわれる諸現象総体とのあいだの混同を、様々に異なった角度から示している。

これら一連の『人間学』のテクストは、『純粋理性批判』の「超越論的弁証論」の直接的な影響下にある。『人間学』が告発するもの、それはまさに純粋理性の誤謬推理として解明された「不可避の錯覚*」なのだ。すなわち、私たちは魂という特殊な対象を定義するために、なんら内容を持たない私という単純な表象を用いるというわけである。(6) だが注意すべきなのは、誤謬推理は合理的心理学にのみかかわり、経験的心理学にはかかわらないこと、また、その内容が可能的なすべての経験の条件に依存する「内感の生理学のようなもの(7)」の余地が残されていることだ。さらに、合理的心理学は唯物論と唯心論から同時に逃れることを可能にし、私たちにそんな思弁から離れて「実り多き実践的使用に(8)」向かうようにうながす訓練*としては保持されうるし、保持されねばならないという。だとすれば、たとえ『人間学』が心理学一般の諸形式を標的にしているように見えるとしても、それが実際に退けているのはすでに『純粋理性批判』で告発されていたものでしかない。明言されていないとはいえ、『人間学』はなによりも合理的心理学に対して距離をとろうとしているのである。

それでは、二つの残された可能性（経験的心理学と、実践的使用に向けての訓練）は人間学とどんな関係を持つのだろうか。これら二つの潜在性は人間学によってそのままとりおかれて、人間学の隣に開けた空き地のなかに今後充塡されるべきものとしてとどまるのか。それとも、人間学に特有の運動のなかでとりあげられるのか。あるいはまた、人間学のプログラムの完成そのものによって廃棄され、不可能なものとなるのか。少なくとも二つのことは確実である。まずひとつは、『人間学』のテクストには「分野＝訓練」としての経験的心理学や合理的心理学をどこかよそに、人間学そのもののすぐ外や隣に位置づけうると思わせるようなものはなにもないこと。つまり、身近な外部性を示唆するものはまったくないこと。しかし逆にまた、『人間学』のどんな要素も、どんな節や章も、「超越論的弁証論」で予見されていたような訓練として、あるいは「超越論的方法論」の高みから見てとられた経験的心理学としては提示されていないこと。だとすれば、諸々のパースペクティヴが横滑りを起こした結果、人間学そのものが超越論的な訓練と経験的な認識をともに兼ねるものになったと結論づけるべきなのだろうか。あるいは反対に、人間学はそれらの試みを実践不可能として、以後いっさい無用のものにしてしまったのだろうか。

いまや、「心」そのものに問いかけなければならない。「心」は心理学の範囲に属すのか、属さないのか？

それは「魂 Seele」ではない。しかしまた、それは「精神 Geist」であると同時に「精神」ではない。目立たないとはいえ、『人間学』のなかに「精神」についての議論があらわれていることは重要である。なるほどそこでの定義はそっけないもので、多くのことは望めないようにみえる。「精神とは人間のうちにある生き生きとさせる原理である。Geist ist das belebende Prinzip im Menschen.」[(9)]* ありがちな一文である。さらに、この一文がとるにたらないものだと念を押すように、日常的な言い回しから次のような例が引かれている。「ある種の話、ある種の書き物、ある種の社交界の婦人は美しい、けれども精神がない」[(10)]。「精神」があると見なされるためには、ひとは他人の関心を惹かなくてはならないという。しかも、「理念を通じて durch die Ideen」[(11)]。そう述べてから少し先で、カントは一連の指摘をふたたびとりあげ、そのすべてをたったひとつの謎めいた定義のうちに結びあわせている。「理念を通じて生き生きとさせる心の原理が、精神と呼ばれる。[12]Man nennt das durch Ideen belebende Prinzip des Gemüts Geist.」

言葉に立ち止まろう。私たちにとって問題となるのは「原理 Prinzip」である。記憶とか注意とか認識一般のような「能力 Vermögen」ではないし、ましてや『判断力批判』の第一序論が語るあの「諸力 Kräfte」のひとつでもない[13]。さらには『純粋理性批判』の「純粋な私」のような単純な表象でもない。あくまで「原理」なのだ。では、この原理は構成的なものなのか、統整的なものなのか。それが「生き生きとさせる」と言われているのを重視するなら、そのいずれでもないと言うべきだろう。だとすると、「心」のなかには――経験にあるがままに提示されるその流れには、あるいはその潜在的な全体には――、「心」を生に寄り添わせるようななにか、しかも「精神」の現前にかかわるようななにかがあるというのだろうか。かくして、新たな次元が開かれる。「心」は単に有機的に組織されるのではない。つまり、それに備わった様々な力や能力によって棲みわけられるのではない。『判断力批判』の第一序論で決定的に定式化されていたかのように見えた三部からなる大構造は、「心」にあって経験にあらわれうるものをすべて汲み尽くしてはいなかったのだ。あらゆる生き物と同様、「心」の持続は無方向な散逸のなかに雲散霧消してしまうことはない。「心」の流れには方向がある。それは内なるなにかによって潜在的な全体性に向けて投げ出されるのだが、その全体性のなかに囲い込まれてしまうこともないのである。

この原理自体が何であるのかは、実を言えばなにひとつはっきりと示されてはいない。とはいえ私たちは、いかにして「生き生きとさせる」ことができるか、いかなる運動によって「精神 Geist」が精神に生の形象を与えるかを把握することはできる。「理念を通じて」、とテクストは言う。これはいったいどういうことなのだろうか。「感性にとっては対応する対象はまったく与えられていないが、理性にとっては必然的である概念[14]」が精神に生を与えることができるのはどうしてなのか。ここでは誤解を避けておかなくてはならない。「心」は、それにとって本源的なものである時間的な散逸をくぐり抜けて、「精神」において、「精神」によって達成されるような全体化に向かって歩みを進めるのだ、と思われるかもしれない。「心」は、遠く手の届かぬところにありながらなお効力を失わぬこの「精神」の現前から、生を受けとるのだ、と。しかしその場合には、「精神」はそもそも生き生きとさせる原理ではなくて、「統整的」な原理として定義されるはずだ。また『人間学』の全体が描き出す曲線は、世界に住む人間、つまり様々な義務や権利とともにあの世界市民的《コスモポリティック》な共同体の一員となる人間という主題ではなく、容赦のない主権によって人間を、そして世界をしだいに覆いつくす「精神」という主題に行き着くはずだ。だとすると、「精神」の理念が「心」の経験的な多様性を統整し、「心」の持続にとっては不可能とされる完成をたえず約束してくれる、などと言うことはできない。

だから、あの「理念を通じて」という言葉は、別のことを意味しているのだ。「人間理性の自然的弁証論の究極目的について」と題された『純粋理性批判』の重要な一節では、理念がどのようにして精神の具体的な生を組織立てるのかが見てとれる。というのも実際、超越論的な使用とその使用が生みださざるをえない錯覚から解放された理念は、経験の充実のなかで意味を持つのだから。理念は図式*として、構成的ではないにせよ対象の可能性に向かって開かれており、「この可能性を」先取りする。[15] 理念はまた、「明示的な」運動によって事物の本性をあらわにするわけではないとしても、この本性をどのように探究すればよいかを前もって示してくれる。[16] そして最後に理念は、宇宙の果てにいたろうとするのが認識の地平を越えたことだと示唆しながらも、経験的な理性がこの果てしない苦闘に真剣にとりくむよう促す[17]。言いかえると、経験から自分のはたらくべき領域を受けとりさえすれば、理念は無限の動態のなかに精神を招き入れ、たえず「より遠くへ行こうとする運動」を与える。しかしだからといって、精神はのりこえ不可能な散逸のなかで失われることはない。こうして、経験的な理性は決して所与の上にまどろむことなく、理念によって無限と結びつけられて可能的なものの次元に「生きる」のである。その理念によって、無限は経験的な理性に対して拒まれているのだとしても。

したがって、「精神」の機能は以下のようなものとなるだろう。「心」を組織してひとつの生物と化したり、有機的な生命体の類比物としたり、絶対者そのものの生としたりするのではなく、「心」を生き生きとさせ、経験的に規定されているからこそ受動的であるその「心」のなかに、諸々の理念がひしめきあう運動を生みだすこと。これらの理念の運動は、生成するひとつの全体性にそなわった複数の多様性の構造にほかならず、あたかも精神のなかでいくつもの部分的な生命が生き死にするかのように、自らを形作っては消え去ってゆく。だからこそ「心」は「なにものかである」のみならず、「自分自身をなにものかとなす」ものでもあるのだ。これはまさしく、『人間学』が探究の領野としてさだめたものではないだろうか。その際、「心」が自分自身をいかになすべきかについては、「理性をできるかぎり経験的に使用すること[18]」が求められると付言しておけばよい。この使用は、「理念を通じて」はじめて「できるかぎり」のものになるだろう。『批判』において超越論的な蜃気楼を生みだすとされたまさにその運動が、『人間学』においては経験的で具体的な「心」の生を継続させるのである。

以上の議論から、いくつかの帰結が導かれる。

a. 人間学が可能になるのは、「心」が現象的に規定される受動性にはとどまらず、経験の領野で諸々の理念の苦闘によって生気を与えられているからである。したがって「精神」は、「心」のなかで、脱弁証法化され、非超越論的な弁証法の原理となる。この弁証法は経験の領域にあり、諸現象の戯れそのものと一体をなしている。「精神」こそが「心」に可能的なものの自由を開示し、諸々の規定を受ける状態から引き抜いて、未来を与える。その未来がどうなるかはただ「心」そのものにかかっているのだ。

b. 結局のところ人間学によれば、経験的心理学や自然のレベルだけで展開されるような精神の認識など成り立たない。そんなものは、まどろんで生気のない、死んだ精神、「生き生きとさせる原理」を持たない精神にしか出会うことはないだろう。つまり、それは生命を欠いた「生理学」にしかならない。一七九八年の『人間学』の序文も証言するように、実用的でない人間学も理論的には可能であり、人間認識の一般体系のなかで成り立つとされている。しかし、その可能性は構造上の対称性を保つために示されているだけで、いざ認識の内容にまで立ち入る時にはしりぞけられる。単なる自然的な事実として記憶について研究することは、無用であるばかりか不可能だというのだから。「したがって、この件について理論的に理屈をこねても無意味である」[19]。「精神」のあらわれと、そのあらわれとともに「心」を超越する自由と全体性の次元にしたがうなら、真の人間学は実用的なものでしかありえない。人間学においては、事実のひとつひとつが「なしうること」と「なさねばならぬこと」の開かれた体系のなかにとらえられている。そもそもカントは実用的でない人間学など書きはしなかった。

c.　ならば「精神」は、『純粋理性批判』の「純粋理性の弁証論」と「方法論」で話題に上ったあの謎めいた「われわれの理性の本性」にかかわるのではないだろうか[20]。絶頂に達した『批判』をいきなり経験的なものの地帯へ、事実の領域へと送り返すようなあの不穏な概念に。人間はその領域で、きわめて本源的な受動性に運命づけられているらしい。超越論的なものは突然厄介払いされ、経験の条件は最終的に、自然の原初的な不活性に帰着するようにみえる。しかしこの「理性の本性」は、ヒューム*における人間知性の本性と同じ役割を演じているのだろうか。つまり、それは説明の出発点であり、還元の終着点なのか。いまはさしあたり、この「理性の本性」と『人間学』で記述される精神の具体的な生のあいだの構造的なアナロジーに注目しておこう。一方で、件の「本性」は理性を「経験的な使用から純粋な使用へ」と向かわせるにもかかわらず[21]、それ自体には「本源的な錯覚も幻影も」含まないという（そもそもそれは単純な自然ではないか[22]）。他方、『人間学』が描く精神の具体的な生もまた自発的な運動によって生気を与えられており、そのためにたえず自らのふるまいに欺かれる危険にさらされるのだが、とはいえつねに初発の無垢のままに自己自身を展開してゆく。この両者はいずれも、いつ何時踏み迷い正体を失うかもしれないとしても、それぞれの運動を通じて「すべての権利とすべての要求の最高法廷[23]」でありつづけるのである。

d. もしこのアナロジーに根拠があるとすると、人間学的な考察の外縁に描かれた「精神」はカントの思考の構造にとって実は不可欠なものなのではないか、と問うことができるだろう。それは純粋理性の核心とでもいうべきなにものかであって、超越論的錯覚の根絶不可能な起源であり、正統な故郷への回帰にあたって過つことのない判断を下す裁判官であり、真理の様々な相貌が次々に立ちあらわれてくる経験的な領野における運動の原理でもある。だとすれば、「精神」とは本源的事実であるということになるのではないか。この本源的事実の超越論的なヴァージョンによると、無限は決してそこにはなく、つねに本質的なしりぞきのなかにある。にもかかわらず、その経験的なヴァージョンにあっては、無限は真理に向かう運動と真理の諸形式のつきることのない継起に生気を与える。「精神」は知の可能性の根幹にある。だからこそ、それは認識の諸形象に現前すると同時に不在なのであり、その現前と不在とはわかちがたい。「精神」とはこのしりぞきである。それは眼に見えないと同時に「眼に見える奥まり」であって、この到達しがたい距離のなかで認識はその所在と実証性を得る。「精神」の存在はそこにはないのだが、まさにそこにはないということによって、真理の場を描き出すのだ。

唯一で至高の構造をそなえた本源的事実が睥睨している。『批判』の必然性と、『人間学』の可能性を。

6　鏡のなかの反復――『純粋理性批判』と『人間学』

それでは、『批判』と『人間学』という二つの考察の形式に共通するらしいこの根本的な要素は、両者のあいだにどのような関係を可能にするのだろうか。実をいうと、『批判』と『人間学』はまったく異なった水準に位置するものだから、その構造的な比較を企てても一見あまり見込みがないように思われる。様々な経験的な観察を収める『人間学』は、経験の条件についての考察と「ふれあう」ことはない。とはいえ、この本質的な差異は、両者が無関係だということを意味するわけではない。一定の交錯するアナロジーにしたがうと、『人間学』は『批判』の陰画《ネガ》らしきものであることが垣間見られるのである。

a.　『人間学』では、綜合と所与の関係は、『批判』を転倒させたイメージで示されている。

たとえば主観性。この点について、人間学的な考察は長いあいだ躊躇していた。

一七七〇年代の講義草稿では、「私」という言葉は自分が自分自身にとっての対象となる可能性に結びつけられている。[1] しかし、「私」そのものがこの可能性の根幹にあるのか、それともこの可能性にもとづいて対象化されたものなのかは明確ではない。『批判』はそれを決定する。「私」は決して対象となることのない綜合の形式である、と。ところが、一七九八年の『人間学』のテクストでは、「私」はこの根本的な綜合の機能として考察されるわけではないし、かといって単なる対象の身分に回帰するわけでもない。それはいきなり経験の領野のなかに姿を見せ、ひとつの形象として定着すると、もはやそこから動こうとしないのだ。この「私」という発語は「感じること」から「考えること」への移行を画するものだが、とはいえ「私」はこの移行を担う行為者でもなければ、この移行についての単なる自覚でもない。それは綜合する「私」の活動があらかじめ綜合された形象として、つまり一次的であると同時に切り離しがたく二次的でもある構造としてあらわれる際の、経験的かつ明示的な形式なのだ。この「私」という形式がいわば現実存在［existence］のア・プリオリとでも呼べるようなものに属していて、人間に対してはじめから与えられているというのではない。しかし、それがいったんあらわれて時系列にしたがう感覚的なものの多様性のなかに位置づけられるやいなや、この形式は「すでにそこに」あったかのように、すなわち思考にとって還元不可能な基底として示される。というのも、思考はこの経験の形象が構成されていなければ働くことができないからだ。この「私」のなかで、主観は自分の過去を思い起こしたり、自分の同一性の綜合を行なったりする。別の言いかたをすると、『批判』にとっての「認識のア・プリオリ」は人間学的な考察における「現実存在のア・プリオリ」に直接的に重なりあうことはないとしても、この「認識のア・プリオリ」が生成の厚みのなかにあらわれるときには、その突然の出現は後から見ると必ず、「すでにそこに」あったものという意味を持つのである。

所与にそなわる本源的な散逸については、構造が逆になっている。実際、人間学のパースペクティヴにしたがうなら、所与は決して不活性な多様として与えられはせず、主観の本源的な受動性を絶対的なものとして示すことも、様々な形式をとる綜合する意識の能動性を要求することもない。『人間学』では所与に属する散逸はつねにすでに還元されており、意識の眼に見える仕事の外で行なわれる様々な綜合によってひそかに支配されているからだ。たとえば、知性の光でさえつねに解明できるとはかぎらない、不分明な知覚や表象の諸要素の無意識的な綜合(2)。あるいは、空間のなかに点在する島のように綜合らしきものを描き出す探索の図式。(3) また、ある感覚に他の感覚を代替させる感性の再組織化。(4) そして最後に、注意にもとづく意志的な綜合をおのずから先取りするかのような感覚的効果の強まりや弱まり。(5)『批判』では、本源的に与えられていることだけを共通項にして、限りなく薄く広がる表面のように見なされていた多様は、『人間学』では思いがけぬ深みを持つことが明らかになる。そこで多様はあらかじめ集合をなし、組織され、仮初めであったり堅固であったりする綜合の形象を受けとっているものとしてあらわれるのである。認識にとって純然たる所与であるものが、具体的な現実存在にとってそのまま与えられることはない。人間学にとって、絶対的に本源的な受動性は決して「そこにある」ことはないのだ。

このように、『人間学』における所与とア・プリオリの関係は、『批判』がとりだしたものとは逆の構造を持っている。認識の次元におけるア・プリオリは、具体的な現実存在の次元においては「本源的なもの」となる。それは時系列の上で最初に来るわけではないにせよ、綜合の様々な形象の継起のなかにあらわれるやいなや、「すでにそこに」あったものとして与えられる。反対に、認識の次元においてて純粋な所与であったものは、具体的な現実存在についての考察において物言わぬ光によって照らし出されると、あらかじめ構成されたものとしての深みをあらわにするのである。

b.『人間学』は、『批判』と同じ「能力」の分類にしたがっている。けれども、そこで特権的なものとなるのは、能力が積極的《ポジティヴ》な側面を見せる領域ではなくて、むしろその失調が、あるいは少なくとも迷いの危険が立ちあらわれる領域である。『人間学』が示すのは、諸能力の本性やその活動の十全なありかたというよりも、諸能力がその中心と正当な根拠から遠ざかり、非正統的なもののなかに疎外され、己を失うような運動なのだ。たしかに『批判』は予備学としての根本的なプロジェクトのなかで、理性の超越論的な使用を告発し解体しようとしてはいたけれど、それは各「能力」の実定的《ポジティヴ》な領域に照らしてのことだった。人間学的な探究のなかでは、各「能力」はありとあらゆる逸脱の可能性を孕んだ一定の道筋にしたがって追跡される。たとえば自己意識は、経験の形式や、限定され・根拠づけられた認識の条件として定義されるのではなく、様々なかたちをとってつねに甦ってくるエゴイスムの誘惑としてあらわれる。「私」と言うことの可能性は、意識の周囲に「愛される私」の幻影をたちのぼらせ、そしてこの幻影が意識を魅惑する。その結果、意識は逆説的な反転によって、どんなに重要なものであろうとこの一人称の言語を断念し、一個の「われわれ」という虚構に語形を変化させようとする。(6)『人間学』における感性についての研究が、批判に見られた「仮象=見かけ Schein」と「現象 Erscheinung」の大きな対立*をふたたびとりあげているとはいえ、それが探索するのは現象のなかで根拠づけられているのは何かではなくて、見かけのきらめきのなかで魅惑的だがはかないものとは何か、見かけはいかにしてきらめかせることによって覆い隠すのか、またいかなる場合に自分が隠すものを伝達できるのか、といったことなのだ。(7)精神の変調と病についての長い分析に理性についての短い段落が続く。この心の病理についての考察がメモや計画を通して次第に重要性を増してゆき、最終的に一七九八年のテクストで大々的に展開されるにいたるのを見るだけで、(8)これらの否定的《ネガティヴ》なものについての考察が人間学的な探究の力線をなしていたことがわかるだろう。『批判』が構成という根拠づけの活動を条件づけるものは何かを探索していたのに対して、『人間学』は条件づけられたもののうち根拠を持たないものは何かについてその一覧を作成する。人間学の地帯には、脅かされることのない綜合など存在しない。経験の領域は、その内側から危険によって掘り崩されるかのようだ。その危険は別に恣意的な行き過ぎからではなく、経験のなかでおのずと起こる崩落からやって来る。可能的な経験を限界づける円周は、真理の領野と真理の喪失の領野を同時にさだめるのである。

c. 最後にひとつ、重要な細部がある。講義草稿のすべてとシュタルケが公刊した比較的後期の講義録では、『人間学』全体のプランとして「原理論」と「方法論」の二部構成がとられている。一七九八年のテクストも同様に二つに分かれてはいるものの、そこでは「教訓論」と「性格論」となっている。内容や章の配列には結果としてなんの変化もなかったようなので、最後期になされたはずのこの用語変更にはことのほか驚かされる。原理論と方法論という区分は、批判の探究と一致している。批判では、前者に認識の能力が、後者に認識の能力を可能的経験の領域においてどう行使すべきかを規定するものがわりふられていた。『人間学』も一見同じモデルにしたがって組み立てられているようにみえる。まず、「心」の有機的な全体性を形作る様々な「能力」をあつかう「原理論」。つづいて、個人とか、家庭とか、民族・人種とか、人類において、この「能力」の行使にかかわる諸規則をとりあげる「方法論」。しかし、そのような見通しに惑わされてはならないだろう。このテクストは『批判』のさだめる規範に適うことを目指しているわけではないのだから。

考察の最後の段階になってあらわれ、伝統的な区分にとってかわる「教訓論」

と「性格論」という用語は、不思議なことにどんな意味上のつながりがあるのかよくわからない副題を伴っている。「教訓論」には、「人間の内面と外面を認識する仕方について」。「性格論」には、「人間の外面から内面を認識する仕方について」。こうして副題が追加されたのは、『人間学』総体の構成が見直され、『批判』から離脱が図られたからなのだろうか。おそらく、そうではないだろう。それはむしろ、おぼろげになんら解明をうけぬまま、すでに『人間学』の主題となっていたものの発見だった。すなわち、「心」の次元の探究が単に自己の内面の認識に向かってだけではなく、「心」を表現する外面的な形式における人間の認識に向かっても開かれているという、内面と外面の直接的な関連の発見である。なぜ直接的かといえば、この探究はおのずとそれ自身からあふれ出して、限界までいたるとか対象領域を拡大するとかいったことなしに、内面の認識と外面的な形式の認識を結びつけるからだ。『批判』の対称的な構成を維持しようとして「原理論」という用語を受け入れていたかぎりでは、「心」の分析は、この分析自体について、「能力」の探究、つまり「能力」の潜在性や可能的なものの根幹の次元における探究というイメージしか持つことができなかった。その真の意義が明らかになってようやく、この探究は、内面に関係する以上は外面についても語らねばならず、人間が様々な可能性を用いる際にはそのあらわれにかかわらざるをえないことを理解する。『批判』では、条件（「能力」）の次元における可能的なものと、構成されたもの（「現象」）の次元における現実的なものが区別されていたけれど、『人間学』ではそれらが切れ目なしに連続したものとして与えられるのだ。「能力」の秘密は「現象」のきらめきのなかで明らかにされ、「能力」はそこで自分の真理と自分の倒錯の真理を同時に見いだす（一人称の発話の例に見られるように使用［私］が濫用［われわれ］となる場合）。そして、「現象」によって倒錯を告発された「能力」は、自分を自分に結びつけておくことが義務であるという根本的な真理に否応なく呼び戻される。だからこそ、『人間学』第一部の各節はどれもおぼろげな三拍子を刻むのだ。まず、諸々の可能性の根幹にある「能力」。次に、「現象」のなかで見いだされては見失われ、翻訳されては裏切られる「能力」。最後に、しっかりと自分自身に結びつけられる「能力」。たとえば、自己意識と、エゴイスムと、実際の諸表象についての意識。あるいは、本源的な「発見」の能力としての想像力と、夢のなかで幻惑され難破する想像力と、言葉に結びつけられて詩のかたちをとる想像力。さらには、熱烈に欲望する能力と、情熱のまやかしという真理と、最高善との結びつき。「能力」の「現象」に対する関係は同時に、あらわれでもあり、失墜にさえいたる冒険でもあり、倫理的な紐帯でもある。まさしくここで、私たちがすでに人間学にとって本質的なものと指摘した、「なしうること」と「なさねばならぬこと」が分節化されるのだ。だから、人間の内面とともに外面を認識する技術が原理論ではなく、「教訓論」とされるのも当然である。それは「教え」、「指示を与える」ことなしに発見することはないのだから。一方「性格論」は、諸々の現象の集合（身体・夫婦・人種・人類）が決して固定的で閉じられた与件ではないことを明かしている。それらの集合はむしろ一見不動とも映る諸現象の真理から、現象に意味と運動を与え、現象の根幹にある諸々の可能性へと送り返される。つまり、それは記号から能力に立ち返り、「人間の外面から内面を認識」させるのである。

長い間カントの思考を支配してきた批判のモデルに、それを陰画《ネガ》のように反復する新たな分節がとってかわる。根拠についての理論は可能的な現象のすべてにわたる処方となる（本来、これこそが「方法論」の目的だった）。逆に方法についての理論は諸能力の本源的な核に向かってさかのぼる分析となる（これが「原理論」の意義だった）。鏡のなかで反転される複製。認識のア・プリオリが定義される地帯と現実存在のア・プリオリが確定される地帯とは、かくも近く、またかくも遠い。条件の次元で言われることは、本源的なものの形式の下では、同とともに異としてあらわれるのだ。

7 源泉・領域・限界——超越論哲学への通路

この遠く隔たった近さが明らかになるにつれ、『批判』と『人間学』のあいだにどのような関係がなりたつのか、という問いもいっそう差し迫ったものになる。

とりわけ重要なのは、二つのテクストである。ひとつは先に心理学に関して参照した『純粋理性批判』の「超越論的方法論」の一節、もうひとつは『論理学』*に見られるいささか謎めいた指示である。

1. 「純粋理性の建築術」。純粋哲学（『批判』を予備学として包摂するもの）には、人間学の場所はまったくない。「感覚のあらゆる対象の総体 Inbegriff aller Gegenstände der Sinne」として自然を考察する「合理的生理学」のなかには、合理的物理学と合理的心理学しかない。一方、経験的哲学の広大な領野では二つの領域が一対をなしている。すなわち物理学と人間学であり、この後者のなかにさらに限定された建物として経験的心理学が収められる。

一見したところ、純粋哲学と経験的哲学のあいだに厳密な対称性はない。物理学についてはすぐに対応がつけられるにしても、［合理的心理学があつかう］内感と［人間学があつかう］人間存在が問題になるとそうはいかないのだから。心理学とちがって、人間学は経験的なものの側にしかない。だから人間学が純粋な認識にかかわる批判によって指図されたり、管理されたりすることはない。ニュートン物理学を樹立し立証するのに批判的考察が必要とされなかったのと同様、「純粋理性の建築術」が予定していた場所に『人間学』を構築する際に、予備的な『批判』に訴える必要はない。したがって、批判が人間学の形式と内容に影響を及ぼすことはできない。二つの考察の形式には接点はないのだ。そもそもこういったことはすべて、人間学そのものが暗黙のうちに確証していることではないだろうか。そこで予備学としての批判が呼び出されることはまったくない。また、二つのテクストの対応は容易に読みとれるが、明示的に示されることも考察の対象とされることもない。この対応は人間学のテクストの緯糸《よこいと》をなすとはいえ、テクストのなかに埋もれたままなのだ。だとすると、それは単なる事実、構造的な所与として受けとるべきもので、そこに意図的に準備された配置の実現を見てはならない。

2.『論理学』。周知のように、『純粋理性批判』の「超越論的方法論」は三つの根本的な問いかけを挙げている。第一に、「私は何を知りうるか」――この思弁的な問いには、「理性が満足すべき」回答が『批判』で与えられている。第二に、「私は何をなすべきか」――この問いは実践的な問いである。第三に、「私は何を望みうるか」――この問いかけは理論的かつ実践的なものだ。批判的思考の編成のなかから突出し、ある程度まではそれを支配してさえいたこの三重の問いは『論理学』の冒頭にも見られるが、しかしそこでは決定的な変更がなされている。「人間とは何か」という第四の問いがあらわれるのだ。この問いは先行する三つの問いのすべてをひとつの参照項のなかに包摂し、まとめあげる。というのも、「すべて」の問いがこの問いに関係づけられなければならないからだ。それは、形而上学と道徳と宗教とが人間学のなかに含まれなければならないと言うにひとしい(1)。

三つの問いかけを人間学の主題に転換するこの唐突な運動は、思考のなかの断絶を明かしているのではないだろうか。「哲学すること Philosophieren」はただ、人間認識のなかでだけ展開されうるようにみえる。まさにそのために、人間学は『純粋理性批判』のなかでわりふられていたような大幅に経験的な身分をもはや持たない。なぜなら、人間学はもはや哲学的な認識の編成のなかでもっとも経験的な下層ではなく、いまや哲学的考察が問いのなかの問いの高みに達する地点とされるのだから。しかし、用心しなくてはならない。性急に、批判哲学の超越論的な決意がここで断絶していると告発したり、カントはこの次元で自分の古くからの懸案にようやくとりくむのだなどと新発見を云々したりすることのないように。

ではまず、「私は何を知りうるか」、「私は何をなすべきか」、「私は何を望みうるか」という三つの問いが、「人間とは何か」という第四の問いに「関係づけられる sich beziehen auf」とはどういうことなのか。この関係は認識が客観に対して持つものなのか、それともその認識が主観に対して持つものなのか。というのも、『論理学』のある箇所では、認識は「第一に客観への関係、第二に主観への関係という二重の関係を持つ(2)」と言われているからである。別の言いかたをすると、これら三つの問いにおいて人間はすでにおぼろげながらも「対象 Gegenstand」だったのだろうか。すなわち、これらの問いは人間に向けて開かれており、その前に立たされた人間はそれぞれ別の言語で求められていた答えを、思いがけないかたちで与えようとしているのか。それとも反対に、むしろ三つの問いそのものが問われなくてはならないのか。つまり、これらの問いの能力に直接応えることはせず、これらの問いを新たなコペルニクス的転回によって、人間を中心に据える本源的な重力のなかで立てなおさなくてはならないのか。人間は、これらの問いによって問われているのは自分自身だと当然のように思い込んでいたのだが、あらゆる臆見を排すためには、実はその人間こそがこれらの問いを自分自身に関係づけながら問わなくてはならないというのだろうか。ただ、この検討を始めるにあたって次のことは銘記しておこう。つまり、私たちの知る『人間学』は、決して「人間とは何か」という第四の問いに対する答えであろうとはしないこと。それればかりか、この問いを経験的な次元でできるかぎり広範に展開しようともしないこと。そもそもこの問いが立てられるのは、もうしばらく後になってから、しかも『人間学』の外部で、必ずしも『人間学』には属さないパースペクティヴのなかでだった。つまり、カントの思想にあって「哲学すること」の全体が編成される時点、『論理学』と『オプス・ポストゥムム』においてのことだったのである。

『論理学』と『オプス・ポストゥムム』という二つのテクストにおいて、「人間とは何か Was ist der Mensch ?」という問いに対して与えられた答えに照らして、そこから立ち返って『人間学』の意味を理解してみよう。

『オプス・ポストゥムム』のうち一八〇〇〜〇一年に書かれた一群のテクストは、超越論哲学の区分に関して、神と世界と人間の関係をくりかえし定義している。そのとき、『論理学』のテクストで私たちの眼に断絶や発見と映ったものは、哲学的考察にとっての根本的な問いかけがその厳密な限界と最大限の広がりにおいて把握しなおされたものであることが明らかになる。『オプス・ポストゥムム』のある断章は次のように明言している。「超越論哲学の三区分。神、世界もしくは宇宙《ウニウェルスム》、道徳的存在としての人間の私自身[3]」。けれどもこの三つの概念は、予定されたある体系の三つの要素として均質な表面の上に並列されているわけではない。というのも、第三項は単に総体を編成する三つの部分のひとつではなく、「媒介項 medius terminus[4]」として中心的な役割を果たすのだから。人間というこの第三項は、神と世界がそこで、それによって統一されるような具体的で活動的な単位である。「神、世界、そしてこれらの概念を統一する存在としての、人格としての人間[5]」。『オプス・ポストゥムム』の断章があくまでも試みに書かれたものであることを考慮に入れた上で、執拗にくりかえされる主題を通じて、本源的な統一を持つ努力と表裏一体となってあらわれる分岐を見てとらなくてはならない。人間における、人間による神と世界のこの「統一 Vereinigung」とは、いったい何なのか。それによってどんな綜合が、あるいはどんな作用が想定されているのか。それはどんな水準に位置づけられるのか。その水準は経験的なのか、それとも超越論的なのか。本源的［originaire］なのか、それとも根本的［fondamental］なのか。*

a. いくつかのテクストにしたがうなら、この統一は思考の行為そのものであるらしい。人間が世界と神に統一を与えるのは、人間が思考する主体、つまり世界を思考し神を思考する主体として主権を行使するかぎりだという。「媒介項とは（…）判断する主体（思考する世界存在、人間）のことである(6)」。

b. したがって、統一という行為は思考の行なう綜合そのものである。しかし、だからこそ、この行為はその起源となる能力をもとにして次のように定義されることもある。「神と世界、そしてその双方を思考する人間の精神(7)」。あるいはまた同様に、この行為が持つ唯一の形式である判断の形式に即して考察されることもある。あたかも、神・世界・人間の共存のありかたとその根本的な諸関係が、伝統的な論理学の体制に属する判断の構造をそのままなぞるかのように。つまり、「主語」・「述語」・「繋辞」の三幅対が、神と世界と人間の関係の形象をさだめるのである。その時、人間は「繋辞」ないし「つながり」となる。宇宙にかかわる普遍的な判断において、動詞「être である」に相当するものとされるのだ。

c. だから最後に、人間は普遍的綜合としてあらわれる。神の人格性と世界の客観性が合流する地点、また感性的な原理と超感性的な原理が合流する地点に現実的な統一をかたちづくる綜合である。こうして人間は媒介者となり、そこから出発して「ひとつの絶対的な全体(8)」が描かれる。人間から出発することによってこそ、絶対は思考されうるのである。

回答なのか？ あるいは解決なのか？ いや、これらのテクストをそんなふうに受けとってはならない。それらはむしろ、ようやく辿り着いた超越論哲学の地で歩みを進めようとする思考が可能と見なし、みずから試みたいくつかの道なのだ。この新たな大地で地形を測定しようとする時にはいつも、人間についての問いかけが出現する。世界と神についてのあらゆる問題系は、この問いかけに関係づけられなければならないのだ。

しかし、こうして関係づけを求められた人間についての問いは、絶対的な参照項というわけではない。この問いによって解放された思考が、安定した基盤をもたらすことはないのである。そもそも「人間とは何か」という問いの内容が、本源的に自律したものとして展開されることはない。というのも、人間ははじめから「世界に住まう者 Weltbewohner」[9]として定義されているのだから。「人間はたしかに世界に属する」[10]。したがって、人間についての考察はそのまま円環を描いて世界についての考察に送り返される。とはいえここでは、人間についての学は自然認識のひとつである、といった博物学的なパースペクティヴが問題なのではない。問われるべきは、人間という動物を諸現象の水準でとらえて定義する様々な規定ではなく、自己意識と「我あり」の展開なのだ。つまり、自己自身を対象となす運動のなかで、自己を触発する主体こそが問われなくてはならない。「〈我あり〉とは、空間と時間のうちで私の外部に（私ノ前ニ）一つの世界があり、私自身が世界存在であり、私はこの関係と感覚（知覚）をもたらす機動力を意識している、ということである。——人間としての私は私自身にとって外的な感覚対象であり、世界の一部である」[11]。世界は「我あり」の折り目のなかに見いだされる。つまり、世界は「私」の運動の形象であり、「私」はこの運動を通じて対象となって経験の領野のなかに場所を獲得し、そこに自分が帰属すべき具体的な体系を見いだすのである。こうして明るみに出された世界は、「自然《ピュシス》 Physis」でもなければ、諸法則が支配する宇宙でもない。また、この発見に先行しそれを可能にしたのが、『純粋理性批判』の「超越論的分析論」と「観念論に対する論駁」であったとしても、厳密に言うとこの『オプス・ポストゥムム』の断章で問題になっているのはそれと同じ世界ではない。というよりも、ここでは世界という言葉の意味が異なっているのだ。「観念論に対する論駁」では、「外部の諸物」は内的経験の形式たる時間の規定の条件とされていた*。ところが『オプス・ポストゥムム』では、世界は経験一般の客観的な内容として私の規定に附随するものとされる。この世界は空間において「私の意識と」共に「とどまること」、「居座ること」(「持続するもの Beharrliches」)によって規定されるのではなく、ひとつの全体の湾曲によって描き出される。この全体の湾曲こそが世界を存在させるのだ。それは私の経験の眼前に広がるというよりは、私の経験を包み込むのである。世界はもはや「時間規定 Zeitbestimmung」に対応するのではなく、私の「感覚規定 Sinnenbestimmung*」によって前提とされる。世界は「すべて All」の開けのなかに与えられるのではなく、「全体 Ganz」がそれ自身の上に折り返される屈曲に

おいてあらわれるのである。(12)

この世界について語るのは容易なことではない。世界は世界を閉じようとする湾曲において完成するのだが、こうして完成した世界は言語から、つまり言語にとって第一義的な形式である主述の関係づけから排除されるようにみえる。実際、『オプス・ポストゥムム』のあるテクストは、「人格性」を神の述語として語っているけれど、その神と対称をなす世界の述語をどうするかというところで躓いてしまう。それゆえにこの述語は空白のまま、言語以下の次元にとどまることになる。なぜなら、「全体」としての世界はあらゆる主述関係を超え出ており、おそらくはあらゆる述語の根幹にあるのだから。とはいえ、この世界には構造も意味もないというわけではない。それを宇宙と対比することで、超越論哲学において世界が持つ意味を確定することができるだろう。

1. 宇宙と違って、世界は現実的な存在のすべてを包み込む顕在的《アクチュエル》な体系のなかに与えられている。世界が現実存在を包み込むのは、世界が現実存在の全体性の概念だからであり、また同時にこの現実存在が世界を出発点として現実性を具体的に展開するからだ。この二重の意味は、「総体 Inbegriff」という言葉自体に含まれている。「世界の概念は現実存在の総体である。Der Begriff der Welt ist der Inbegriff des Daseins.」[13] 世界は現実存在の根幹であり、現実存在を内包することで、それをひきとめるとともに解き放つ「源泉」なのである。

2. 宇宙は定義上唯一のものである。反対に、世界は複数でありうる（「世界は複数であってよい」*）。というのも、宇宙が可能的なものの統一であるのに対して、世界は現実的な諸関係のひとつの体系であるからだ。いったんこの体系が与えられると、諸関係は別様ではありえない。しかし、「別の」諸関係が「別様に」さだめられるような「別の」体系を考えることは、決して不可能ではない[14]。言いかえれば、世界は必然的なものの開かれた空間ではなく、必然性の体系が可能になるひとつの「領域」なのだ。

3. しかし、世界は複数でありうるという仮定がどれほど正当でも、実際には世界が唯一つしかありえないことは認めざるをえない。「世界は単一でしかありえないかもしれない」[15]*。なぜなら、可能的なものは所与の顕在的《アクチュエル》な体系から出発してはじめて思考されうるのだから。また、世界の複数性は現存する世界と経験に与えられうるものから出発してはじめて姿を見せるのだから。世界とは「すべての可能的な感覚対象の全体[16]」である。別の複数の世界（その世界は事実上

「領域」にすぎない）が考えられるのは、この世界を超え出ることはできないという不可能性と、この世界の境界を「限界」として受け入れなければならないという過酷な必然性が存在するからなのだ。

こうして世界は「現実存在の総体」という意義をとりもどし、「総体の概念 Begriff des Inbegriffs」に合致する「源泉 source」・「領域 domaine」・「限界 limite」という三重構造としてあらわれる。『オプス・ポストゥムム』において、人間が自己自身に対してあらわれる場としての世界はまさにこのようなものだった。

ここで、『論理学』のテクストを、私たちが置き去りにしてきた時点からあらためてとりあげてみよう。つまり、「私は何を知りうるか」、「私は何をなすべきか」、「私は何を望みうるか」という三つの問いが、「人間とは何か」という問いに関係づけられた時点から。この最後の問いもまた安定したものではない。つまり、みずから描き出し、問いかける当の空虚の上にとどまってはいない。「人間とは何か」という問いが発せられるやいなや、他の三つの問いが生まれる。いやむしろ、知に対して三つの命令が発せられる。それと同時に、人間学の問いは具体的な指示を与えるものという性格を持つことになる。

「したがって、哲学者は以下のことを規定できなくてはならない。
1. 人間の知の諸源泉 Quellen。
2. すべての知の可能かつ有用な使用の領域 Umgang。
3. そして最後に、理性の諸限界 Grenzen」。[17]

人間への問いかけから分岐するこれら三つの指示は何を意味し、何に関係づけられているのか。容易に見てとれるのは、これら三つの主題が最初の三つの問いをとりあげなおすと同時に、『オプス・ポストゥムム』で「現実存在の総体」の根本的な構造と言われるものをすでに素描していることだ。実際、「人間の知の諸源泉」をさだめることで、「私は何を知りうるか」という問いが内容を得る。「知の可能かつ有用な使用の領域」をさだめることで、「私は何をなすべきか」という問いに対して、どんな答えがありうるかが示唆される。そして「理性の諸限界」をさだめることで、あの「何を望むことが許されているか」という問いが意味を持つのである。したがって、ひとたび内容を種別化してみると、「人間とは何か」という第四の問いには、基本的に最初の三つの問いと異なる意味はない。だから、三つの問いが最後の問いを参照するといっても、それらが最後の問いのなかで消えてしまうわけではないし、それらを超え出るような新たな問いかけに帰着するのでもない。そうではなくて、人間学の問いは単に、それに関係づけられる最初の三つの問いを繰り返すのだ。ここで私たちは、人間学的＝批判的反復の構造上の根拠に直面している。『人間学』は『批判』が語ることしか語らない。そもそも、『人間学』が『批判』の企てとまったく同じ領域をあつかっているのは、一七九八年のテクストに目を通すだけで明らかである。

　けれどもこの根本的な反復の意義は、反復される言葉や反復する言語の水準にではなく、この反復の向かう先に求められなくてはならない。つまり、『オプス・ポストゥムム』で「現実存在の総体」を特徴づけるものとして問題になっていた、源泉・領域・限界からなるあの三部構造の解明に。この三つの概念は、『論理学』で第四の問いを種別化する主題と、『オプス・ポストゥムム』所収の最晩年のテクストで全体としての世界の概念に意味を与えるものとに共通している。これらの概念こそが、人間についての問いかけが構造上いかに世界を問うことに属するかを規定するのである。しかもその規定は、三批判を支配していたのと厳密に同じ三つの問いを繰り返すことによってなされる。言いかたをかえると、すでに批判的思考の緯糸であった「源泉」・「領域」・「限界」という三つの概念は、執拗にとどまり重圧を加えつづけたすえに、ついに現実存在の「総体」が問われる根拠の水準にいたる。そこではじめて、当の三つの概念がそれ自体として姿をあらわすのだ。もっとも表層的な水準では、三つの概念は人間についての問いかけと世界の意味についての問いかけに共通の形式として示されている。しかしこれら三つの概念は、それらがようやく定式化される超越論哲学の水準では、おそらくまったく異なった射程を持つはずである。

「諸物の現実存在を必然的(本源的)にかたちづくっているものは、超越論哲学に属する」[18]。ところで、諸物の現実存在にとって必然的(本源的)なのは、私たちがすでに知っている現実存在の「総体」の根本的な構造である。豊かな源泉、確固たる領域、厳密な限界こそが、「すべて All」ではなく「全体 Ganz」としての現実存在の全体に、必然的(本源的)に、わかちがたく属している。こうして人間と世界の関係の根本形式が明らかになる。世界がその住人にすぎない人間によって統一されていたかぎりでは、この関係は円環のなかで際限なく堂々めぐりを続けるようにみえた。『オプス・ポストゥムム』のあるテクストは次のように言ってはいないだろうか。「世界のなかの人間もまた世界についての知に属する」[19]。

しかし、これは自然認識の水準にある逆説にすぎない。超越論哲学の水準にいたるとこうした逆説はすぐに立ち消えて、一定の相関関係が明るみに出る。この相関関係によって、現実存在の全体は自分に何が必然的かつ本源的に属するかを定義するのである。

1. 知の「源泉」としての世界は、多様として与えられる。この多様は感性の本源的な受動性を示している。しかし、世界が知の無尽蔵な「源泉」なのは、まさにこの本源的な受動性が「統一」の諸形式と精神の自発性から切り離されないかぎりでのことである。世界が源泉なのは、受動性と自発性の根本的な相関関係があり、この相関関係以上にさかのぼることはできないからだ。

2. あらゆる可能的な述語の「領域」としての世界は、決定論の支配下で緊密に連関したものとして与えられる。この連関は「判断する主観」による諸々のア・プリオリな綜合に帰着する。したがって、世界は自由に向かって開かれた根本的な能動性にかかわるかぎりで領域となる。だからこそ、「人間が世界に属すとはいっても、義務を果たす人間までそこに属すわけではない[20]」。

3. 可能的な経験の「限界」としての世界は、理念の超越論的な使用をいっさい排除する。けれども世界が限界なのは、一方で理性が「本性」的に全体性を超え出ようとつとめるからであり、他方で思考が「本性」的に限界そのものだからである。この限界の概念には抜きがたい両義性があって、いとも簡単に突破されてしまう境界と、つねに近づいているのに結局決して辿りつけない到達点をともに指し示している。この両義性は次の断片によく表現されている。「単一の体系の内に、私の上なる神、私の外なる世界、私の内なる人間的精神があって、万物をとらえる…[21]」

源泉・領域・限界という三つの概念がおおう考察の領野の広がりがわかるだろう。この三つの概念は、ある意味で、感性・知性・理性という『純粋理性批判』の三部構成に重なりあっている。また、それは純粋理性・実践理性・判断力についての各批判の仕事をあらためて一言で定式化するものでもある。さらに、「哲学すること」を活気づける先行する三つの問いも反復し、他のすべての問いが関係づけられる人間についての問いかけに三重の内容を与えもする。しかし、このようにして一連の三部構成をひとつひとつとりあげなおし、反復すること自体によって、源泉・領域・限界という三つの概念は一連の三部構成を根本的なものの水準にもたらし、体系的な区分にかえて超越論的な相関関係を編成するのである。

こうして、以下のことが明らかになる。世界が「源泉」なのは、単に感性的な

「能力」にとってのことではなく、「受動性 - 自発性」の超越論的な相関関係に基づくこと。また、世界が「領域」なのは、単に綜合する知性にとってのことではなく、「必然性 - 自由」の超越論的な相関関係に基づくこと。さらに、世界が「限界」なのは、単に理念の使用に関してのことではなく、「理性 - 精神」の超越論的な相関関係に基づくこと。かくして、複数の相関関係からなるこの体系のなかで、真理と自由相互の超越が根拠づけられるのだ。

「人間とは何か」という第四の問いが、カント最晩年の思考のエコノミーにおいて、どのように位置づけられていたかがわかるだろう。カント最晩年の思考とは、批判的であるがゆえに必然的に予備的な考察から、超越論哲学の完遂に向けて移行する思考のことである。人間学の問いは独立の内容を持ってはいない。いったん明確化してみると、この問いは「ひとは何を知りうるか」、「ひとは何をなすべきか」、「ひとは何を望みうるか」という最初の三つの問いを反復するものにすぎない。しかしこの反復は、直接的間接的に「能力」の区別から借り受けられていた三部構成を、人間と世界の諸関係にかかわる三つの概念のはたらきに置き換えたうえでなされている。この人間と世界の諸関係は、自然認識の水準における内在的なもののあいだの経験的で円環的な関係ではなく、必然的であるがゆえに本源的な——notwendig（ursprünglich）——相関関係である。この相関関係のなかで、互いに切り離すことのできない諸々の超越が、事物の現実存在の根幹から展開されるのである。

「人間とは何か」という問いには、『批判』の分裂をその根本にあるまとまりの水準に立ち返らせる意義と機能がある。このまとまりはある構造に属するものであり、その構造こそが、あらゆる「能力」よりもいっそう根本的な次元で、ついに解き放たれた超越論哲学の言葉にゆだねられるのだ。

8　体系的、大衆的

しかしながら、私たちはまだ道半ばにいる。というより、『人間学』の正確な所在地へ、つまり『人間学』が誕生して批判的思考のなかに差し込まれる地点へと導いてくれるはずの道を、私たちはすでに行き過ぎてしまった。まるで、すでに完成され、超越論哲学を実現するにいたった『批判』の観点なしには、『人間学』は可能でなかった（しかも、その可能性は根本的なもので単なるプログラムではない）かのように。けれども、問題はまだ残されている。「人間とは何か」という問いは、『論理学』ではすぐれて人間学的な問いとして提示される。それに対して『オプス・ポストゥムム』では、同じ問いが最初から神と世界についての問いかけに結びつけられ、この水準で十全に展開されるものと考えられる。まるでこの問いが人間学という特異な領域に属したことなどなかったかのように。『論理学』があらゆる哲学的な問いかけを集約するものとして人間学に参照を求めたのは、カントの思考におけるささやかなエピソードにすぎなかったように映る。そんな普遍的な意味など求めない人間学と、人間についての問いをはるかに根本的なものにする超越論哲学とのあいだのエピソード。構造的に言って、このエピソードは必然的だった。それは移行のための通路だったからこそ、移ろいやすいものだったのだ。

したがって、一七九八年のテクストと『批判』の関係は逆説的である。一方で『批判』は『人間学』を予告し、経験的哲学のなかにその場所を確保しているが、『人間学』は『批判』も『批判』が用意した編成原理も参照しない。だが一方で、『人間学』はまるで自明のことのように、『批判』の提起する大きな分節とすでに通例となった諸能力の区分をふたたびとりあげている。しかし、暗黙のうちにつねに参照されていると言っても、『批判』が『人間学』の根拠となるわけではない。『人間学』は『批判』の仕事を踏まえてはいるけれど、『批判』に根ざしてはいないのだ。『人間学』はおのずから枝分かれして、その根拠となるべきものへ向かう。もはや批判ではなく超越論哲学そのものへと向かうのだ。これこそが『人間学』の経験性の機能であり、緯糸《よこいと》なのである。

いまや、この経験性そのものを追跡してみなくてはならない。『人間学』の歩みを前もって見さだめておいたおかげで、私たちはおそらく、『人間学』がいかにして『批判』に対して周縁的であると同時に、『批判』を完遂しようとする考察の諸形式にとって決定的なものとなりえたかをよりよく理解できるはずである。『人間学』によると、この著作は「体系的」であると同時に「大衆的*」なものだという。この二つの言葉を掘り下げることで、人間学に固有な意味を解読することができるだろう。大衆向けの助言や教訓譚や実例の水準で批判を反復しながら、カントの思考をひそかに根本的な考察へと向かわせる、人間学の意味とは何なのか。

1. 人間学は体系的である。とはいえそれは、人間について知りうることをすべて言いつくすからではなく、認識としてまとまりを持った全体を構成するからだ。問題は「すべて」ではなく、「ひとつの全体」なのである。ところで、この全体性の原理は人間そのものに求められるのではない。つまりこの全体性の原理は、世界に結びついているゆえにあらかじめまとまりを備えた対象である人間、際限のない調査の苦闘と辛抱強いつきあいを通じてようやくその本性を探しあてることができる人間ではない。人間学が体系的と言われるのは、そのまとまりを批判的思考が示した全体から借りているからなのだ。「教訓論」に収められた三編がそれぞれ三つの批判を反復する一方で、「性格論」は、人類の生成と到達不可能な諸目的への歩みをあつかう歴史論[*]をあらためてとりあげる。ここに、そしてここだけに人間学の編成原理は存在する。

　この反復がどのようになされるかを見さだめるために、ひとつ例を挙げよう。「感性の弁明」と題されたテクストでは、直観と知性の関係がふたたびとりあげられている。[(1)*]しかし、この反復は同じことの繰り返しではない。『人間学』では、この直観と知性は、つねに覚束ない継起のなかにある、長く、不安定な労働の次元において関係づけられている。感覚に与えられる多様は秩序づけられたものではまだない（noch nicht）。知性がやって来て（hinzukommen）、多様のなかに秩序を持ち込まなければならない。秩序をもたらす（hineinbringen）のは知性なのだ。秩序が与えられる前に（zuvor）判断するのは誤謬のもとである。逆に、以上のような継起の関係が引きのばされてもいけない。時間の流れのなかで後からくよくよ思い悩んだり（Nachgrübeln）、切りのない反省のなかに落ち込んだり（Überlegung）しても、誤謬は忍び込みうるのだから。要するに、所与が欺くことはない。しかしそれは、所与がよく判断するからではなく、判断などまったくしないからだ。判断は時間のなかで、時間の尺度そのものにそって真理をかたちづくるのである。

『批判』において時間は直観と内感の形式であり、所与にそなわった多様性はすでに作動している［主観の］構成的な能動性を通じて示されるだけだった。時間は多様を、あらかじめ「我惟う」の統一によって支配されたものとして示していた。反対に人間学における時間は、のりこえることのできない散逸につきまとわれている。というのも、この散逸はもはや所与と感性的な受動性のものではないからだ。むしろそれは綜合の活動が自分自身に対して示す散逸であり、綜合の活動に「戯れ」のような色合いを与える。多様を組織しようとする綜合の活動は、その活動自体から時間的にずれる。だから、この活動はどうしても継起のかたちをとり、誤謬と、惑わしに満ちたあらゆる横滑りを生じさせてしまう（「凝りすぎる verkünsteln」「詩作しそこなう verdichten」「狂わせる verrücken」）。『批判』の時間が本源的なもの（本源的な所与から本源的な綜合まで）の統一を保証し、それゆえに「原《ウア》 Ur-」の次元で展開されていたのに対して、『人間学』の時間は「逸《フェア》 Ver-」の領域に運命づけられている。なぜならそこでは、時間によって諸々の綜合が散逸し、ばらばらになってしまう可能性がたえず回帰するからである。時間のなかで、時間を通じて、時間によって綜合がなされるのではない。時間が綜合の活動そのものをむしばむのだ。しかし、時間はまた綜合の活動を触発する。ただしその触発は、原初的な受動性を示唆する所与のようにではなく、綜合の能動性が完全な規定を与えうるという仮定や担保をとりはらう、時間そのものに孕まれた可能性にしたがってなされる。というのも、誤謬の可能性が誤謬を回避する義務と自由とに結びつくからだ。綜合の活動を触発するものがこの活動を自由に向けて開く。綜合の活動を限定するものが、まさにその限定自体によってこの活動を無規定な領野のなかに置くのである。『批判』において、時間は綜合の能動性に対して透明だった。その活動は構成的であるがゆえに、それ自体としては時間的ではなかった。『人間学』において容赦なく散逸をもたらす時間は、諸々の綜合の活動を不分明で不透過なものにする。こうして時間は「規定」の主権を、「技法 Kunst」と呼ばれる実践の、辛抱強く、もろく、妥協に満ちた不確定性によって置きかえるのだ。

「技法 Kunst」はその派生語（「凝りすぎる verkünsteln」「ふりをする erkünsteln」「気どった gekünstelt」）とともに、『人間学』にくりかえしあらわれる用語のひとつであり[2]、またもっとも翻訳しにくい用語のひとつである。これらの用語が指示するのは、なんらかの技芸や技術ではない。そうではなくて、なにかが与えられる時、必ず人間の企てという危険に曝されるという事実が指示されているのだ。人間の企てが立ちあげられるとともに危険が根ざすのだが、この企てはまったく同時に危険を避けるために自由意志に訴える。「技法」とはある意味で本源的な受動性の否定である。しかしこの否定は、多様にそなわる諸規定に対しては自発性であると同時に、所与にそなわる堅固さに対しては作為として理解されうるし、そう理解されねばならない。「技法」の役割は「現象」の上に「現象」に抗して「見かけ＝仮象」を打ち立てるとともに、「見かけ」に「現象」の充実と意義を与えるところにある。「技法」は自由という形式のもとで「見かけ」と「現象」を相互に打ち消す力を持っているのだ。本源的な受動性に埋没したもっとも深い層も、また感性的所与のうちでももっとも本源的なものも、同じようにこの自由のはたらきに対して開かれている。感性的直観の内容は作為的に「見かけ」として利用されうるし、この「見かけ」はまた意図的に「現象」として利用されうるのだから。こうして、道徳的な世界のなかでの記号のやりとりにおいては、感覚的な内容は仮面にすぎないことも嘘の詭計に役立つこともありうる。けれども、それはまた詭計のなかの詭計、価値を伝達する洗練された形式、そして単なる「見かけ」の姿をとった真摯な「現象」ともなりうるのである(3)。

したがって、感性的なものの底辺にあって、所与のものの全域にすでに住みついている「技法」は、否定の権能、意図の決定、交換の言語という三つのやりかたでその主権を行使する。時間は綜合の活動の統一をむしばみ、ひび割れさせ、多様に直面させて、その綜合の活動が無時間的な主権のなかで自分自身をとりもどすことを決定的に不可能にしてしまう。しかしまさにそれゆえに、綜合の活動は自由に向かって開かれる。この自由こそ、行使されるべき否定であり、与えられるべき意味であり、設立されるべき交通なのである。この危険な自由は真理の労働と誤謬の可能性を結びつけながら、そうすることによって真理への関係を諸々の規定の支配下から逃れ出させるのだ。

『批判』において根本的なものとされていた時間と主観の関係に、『人間学』における時間の「技法」に対する関係が呼応している。『批判』では、主観は「時間のなかで規定されたもの」として自己意識を持つと考えられていた。こののりこえがたい規定は外部世界の存在へと送り返されるけれど、この外部世界への関係づけによって内的な変化の経験が可能になるのだという。つまり、時間とそれが示唆する本源的な受動性とは、あらゆる認識の原初の開けを画期づけるこの「関係づけ Beziehung auf」*の根幹にあったのだ。『人間学』では、時間とそれが規定する散逸とは、この「関係づけ」の織りなす組成のなかで、真理と自由が互いに属していることを示す。『批判』から『人間学』へと反復されているのは同じものではないだろうか。時間は「関係づけ」を秘匿するとともに開示する。この「関係づけ」は原初の開けであり、同様にかつ同時に真理と自由のつながりでもある。このつながりはまた「超越論哲学」の特権的な主題であり、「人間とは何か」という『オプス・ポストゥムム』の飽くなき疑いに生気を与える問いかけともなるだろう。そして『批判』で「関係づけ」が「表象 Vorstellung」の構造を通じて読みとられたのと同じように、『人間学』では、真理と自由のつながりは「技法」の苦闘と危険を通じて解読される。

『人間学』は体系的である。なぜなら『人間学』は『批判』の構造に即し、それを反復するある構造をそなえているからだ。とはいえ、『批判』が受動性と自発性の関係のなかに置かれた規定として語ったものを、『人間学』は決して終わることもなければいつ始まったわけでもない時間的な散逸にそって記述する。『人間学』があつかうものはつねにすでにそこにあるのだが、決して十全なかたちで与えられてはいない。『人間学』にとってもっとも重要なものは、どんな場合にも、遠くからまた高みから時間によって包み込まれている。だからといって、起源の問題が『人間学』にとって無縁だというのではない。それどころか、『人間学』は起源の問題に真の意義を返してやる。その意義は最初にあるものを明るみに出し、ある瞬間として特定するところにはない。そうではなくて、すでに始まってはいるけれども、決して根幹にあることをやめない時間の緯糸をふたたび見いだすことが重要なのだ。本源的なものとは実際に最初にあったものではなく、真に時間的なものである。それは時間のなかで、真理と自由が互いに属すところにある。誤った人間学というものがありうるだろう。実際、私たちはその例を知りすぎるほど知っている。誤った人間学はア・プリオリなものの構造を始まりの方へ、事実上あるいは権利上の始源《アルケー》の方へとずらそうとする。カントの『人間学』が私たちに教えてくれるのは別のことである。『人間学』は『批判』のア・プリオリを本源的なものにおいて、すなわち真に時間的な次元において反復するのだ。

2. こうした体系的な根を持っているにもかかわらず、『人間学』はまた「大衆的」な著作でもある。この著作では「それぞれの読者が実例を見いだすことができる」[4]。これはどういうことだろうか。ここで問題になるのは、なんらかの内容上の特質（経験的な分析は大衆的なものでしかありえない）でも、なんらかの形式上の特徴（大衆的でない認識もわかりやすい「衣」をまとうことができる）でもない。『論理学』のあるテクストでは、この「大衆性 Popularität」という概念がどんな身分を持つものであるかが示されている。大衆性とは認識にとっては添え物でも飾りでも表現のスタイルでもなく、完成だというのである。「（…）認識の真に大衆的な完成」(5)。大衆性は専門的で学校的《スコラ》な完成とは異なる。とはいえ、それと相容れないわけではない。逆である。(6) しかし、大衆性はそこになにかをつけくわえる。というのも、学校的《スコラ》な認識の言説のなかでは、証明が「一面的」(7)でないと言い切ることは決してできないけれど、大衆的な認識には逆に全体へ、網羅的なものへ向かう言説が求められるので、一面的なものになるおそれがなくなって、「完全な洞察」(8)が可能になるからだ。だから、大衆的な認識に固有の特徴はスタイルの特殊性よりも証明のしかたにある。その論法が学校的《スコラ》な知よりも優れている（あるいはそれとは違う）というのではない。その真理も学校的《スコラ》な知の真理とかわりはない。しかし、大衆的な認識は雑多なものの尽きせぬ多様性のうちに全体が与えられているという確信をもたらすので、そこで与えられる様々な証明は一面的な印象を与えることはない。『人間学』が意図していたのはまさにこれである。読者は自分が全体を見渡している（「完全な洞察」）と思えるからこそ、新たな実例をいくつでも見つけることができるのだ。

とはいっても、「大衆性」は真理の原初的な形式、そのもっとも初々しく、もっとも素朴な形式というわけではない。認識が大衆的になるには、「世界知と人間知 eine Welt- und Menschenkenntnis」に、すなわち「人間たちの概念や趣味や性向についての認識」に依拠しなくてはならないという。[9] 大衆的な認識の様々な務めをさだめるこの『論理学』の一文に見てとれるのは、ほかならぬ『人間学』の定義そのものではないだろうか。[10] 言いかえれば、『人間学』という「大衆的」な形式をとった著作は、人間と世界についての知であるかぎり、それ自身に依拠する。「大衆的」な認識であるとともに「大衆的なもの」についての認識である『人間学』は、自分が存在するために必要なものを自分自身のなかに折り込んでいるのだ。

この円環をほどくことなく、与えられたままに受けとらねばならない。それもこの円環が与えられている場、すなわち言語において。というのも、言語においてこそ、言語を語る可能性と言語について語る可能性が同じひとつの運動のなかに存在するのだから。一般的な言語の慣用は「実例」の尽きることのない源泉である。この「実例」のおかげで、読むことによって書かれたものを既知で身近なものへとたえず展開しつづけることができる。読者が自分で実例を見つけられるからこのテクストは大衆的であるという。それはつまり、作者と公衆のあいだに共有された日常言語の基底があって、この日常言語がそのままいきなり、ページの余白の始まるところから書物を語り継ぐことができるということだ。大衆的な認識としての『人間学』がそれ自身に依拠できるのは、『人間学』が共通の言語を語りながら共通の言語について語り、それを内側から照らし出そうとするからなのだ。『人間学』は人間自身が即座に理解し、再認し、果てしなく拡張できる人間についての認識である。なぜなら、『人間学』と人間はともに、無尽蔵な同じひとつの言語の下に置かれているのだから。

大衆的でないテクストと違って、『人間学』は語彙を確定し、正当化しようとはしない。逆に『人間学』は一般に使われている言語の全体を受け入れて、それを決して問題に付そうとはしないのだ。そこでテクストの緯糸、経験的な導きの糸となるのは、ある主題についての様々な言語的形式を汲みつくし、それぞれの正確な意味と現実的な領域の広がりをさだめようとする辛抱強い努力にほかならない。十八世紀、心の病の分類にあたっては、「単純 einfältig」、「馬鹿 dumm」、「愚者 Tor」、「阿呆 Narr」、「いかれた男 Geck」、「無分別 unklug」といった用語は、錯誤に基づく無意味な表現としてしりぞけられるのが常だった。それらはみな、疑わしい伝承にしたがう単に蒙昧な大衆の慣用から来るものとされたのである。だから、以上の一連の用語は捨てられ、自然のなかに広がる現実の論理的な分節をよりよく写しとるとされた別の語彙体系に置き換えられた。ところがカントにとっては、先のような言葉こそが分析の支えであり、土台でさえある。[11]カントにおいては、人間たちの言葉の増殖を自然の物言わぬロゴスにしたがって秩序づけることなど問題にはならない。言語が屈曲を見せるところには必ずなんらかの意味の特殊なあらわれがあるという前提に立って、この言語の全体をとらえることこそが重要なのだ。日常言語が「馬鹿 dumm」と「愚か Tor」と「阿呆 Narr」のあいだに見いだす差異は、博物学者たちが立てる「妄執 vesania」と「妄想 insania」の種差と同様に十分に妥当するし、意味を持っている。人間学の水準には錯誤した言語も、ましてや誤った語彙も存在しないのである。

ある意味で、人間学とは慣用表現の総合的研究のようなものだ。そこでは、どんな出来合いの言い回しにも真剣にとるべき重みがある。なにかが言われた時には、いつもなにかが考えられている。だから問いかけ、耳を傾けさえすればよい。「正確な知性、熟練した判断力、深遠な理性[12]」としばしば言われるのはどうしてだろう。そこにはなにか本質をつくものがないだろうか。「退屈な会話 eine langweilige Unterredung」と「気を紛らしてくれる人 ein kurzweiliger Mensch[13]*」のあいだではどんな真剣なゲームが争われているのか。「なにごとも金次第[14]」と言われる時、いったい何が意味されているのか。それから、ありとあらゆる「道徳界の慣用表現*」。これは習俗や人間関係において、ちょうど言語における出来合いの言い回しに相当する。礼儀作法の規則[15]、流行の風俗[16]、社交場のエチケットや習慣[17]がこれにあたる。そのすべてにしかるべき根拠があるのだ。とはいえ、その根拠は人間の実践以外のなにかに由来するのではないし、遠い過去に隠されているのでもない。ユダヤ人がどうして事業に才覚がありそれを好むかについての注*を除けば、人間学には歴史的説明は見られない。「慣用表現」の意味はつねにアクチュアルなのだ。言語と実践の糸をたどり、その双方をじっくり検討し、経験界の区画割めいたものに即して相互につきあわせるときにはじめて、慣用表現が言わんとすることがわかるだろう。人間学とは、意味がはっきりしていたりいなかったりするこの出来合いの言語の解明である。その出来合いの言語によって、人間は事物の上に、また人間同士のあいだに、交換と相互性と物言わぬ理解からなる網を繰り広げる。この網を通してかたちをとるのは、精神の共同体《シテ》でも自然全体の所有でもなく、世界のなかにある人間のあの普遍的な住処なのである。

だから、『人間学』は表現と経験の特定の体系に根ざしている。つまりドイツ語の体系に。なるほどカントは外国の習慣を分析したり他言語のコーパスをとりあげたりして、[18]この所与の領域をのりこえようとはしている。またその限界を破るために、自分の経験のなかでもっとも個人的なもの、すなわちケーニヒスベルクを利用しているのもたしかである。行政上の中心地であり、大学と商業の街であり、海陸の交通の要所だったケーニヒスベルクは、世界市民としての人間の全体を理解しようとしたカントにとって、いつも多くのことを教えてくれる場所だった。[19]とはいえ『人間学』の総体が、地理的にも言語的にも限られたある領域のなかで展開されていることにかわりはない。それは事実の上でも権利の上でも、この領域と切り離せない。『人間学』とは、構成されたものであると同時に包み込むものでもある記号の体系のなかで、その記号の体系についてなされた考察なのだ。

学術と哲学の領域でラテン語が普遍性を担う言語ではなくなりだして以来、近代ヨーロッパの諸国語が使用されるようになっていたが、これらの諸国語を用い理解する人々は、自分たちが口にする言葉が普遍的な意味を持つことを疑いはしなかった。ラテン語の権威は実際に使われている国語の下に埋もれてはいたけれど、まだそれに呑み込まれてしまうことなくひそかに息づいていた。ある国語で言われたことに十全な交換価値があることを保証していたのは、このラテン的な権威だったのだ。『批判』において、カントが細心の注意を払ってラテン語との対応を逐一記しているのによく示されているように、彼の主張の普遍性も暗黙のうちに認められたラテン的な権威と深く結びついている。このラテン語への参照は体系的で、本質的である。カントは『純粋理性批判』でドイツ語を使用しなければならないことに障碍と制限を感じていたほどだ。だからこそ、母国語で「ぴったりした表現を見つけるのに困った」時は、「もはや話されていない学術的言語」に訴え、その言葉が長い間に転用されてしまっている場合には、あえて「本来の意味にまで立ち返る[20]」という。「学問の歩み」をさまたげないためには、いたずらにゲルマン語を洗練させるより、ラテン語を用いた方がよいというのである[21]。

たしかにラテン語への参照は、『人間学』でも『批判』と同じくらい頻繁に見られる。しかし、それはもはや本質的なものではなく、単に参考や目印としての価値しか持たない。ラテン語への参照は、ある時は意味の両義性を示すために用いられる。「leicht」と「schwer」が、「軽薄な」と「深刻な」を意味することもあれば、「容易な」と「困難な」を意味することもあるように。[22] またある時は、分析を学術的な伝統のなかに位置づけてくれる。「乱心 Unsinnigkeit-amentia」「錯乱 Wahnsinn-dementia」「妄想 Wahnwitz-insania」「妄執 Aberwitz-vesania」の対照のように。[23] そして最後に、批判の水準と人間学の領域の体系的な照応をさだめるためにもラテン語が参照される。しかし、『人間学』の仕事の本領と思考の道筋はラテン語を介することなく、ドイツ語表現の体系が持つ力線にしたがっている。たとえば、「メランコリア melancholia」という語は「憂い Tiefsinnigkeit」の真の意味にはかかわらない。「憂い」の意味を知るためには、ドイツ語の系統樹に問うてみなければならない。一方に「明敏さ Scharfsinnigkeit」や「軽はずみ Leichtsinnigkeit」などの系列があり、他方に「沈思 Tiefdenken」とのあいだの微妙でわかりにくい対比がある。[24] これ以外の例としては、「占い Wahrsagen」「予報 Vorhersagen」「予言 Weissagen」など、「言 Sagen」にかかわる言葉の領域もあるだろう。[25] そしてなによりも、きわめて複雑な一大系統が控えている。すなわち、「詩作 Dichten」の系統が。

同義語や半同義語が広がる砂浜のような表層では、「詩作」は、心理や技法の観点から区別される創造の様々な形式を指示する言葉と隣りあっている。「発見する entdecken」「見い出す erfinden」「見つけ出す etwas ausfindig machen」「案出する ersinnen」「考え出す ausdenken」「創作する erdichten」といった言葉がそれだ。しかし、垂直軸に従って精神の諸能力の系統を辿る時には、まず最初の一般的な水準に、「観念を生み出す能力」が見いだされる。それに続くのは、生産的な想像力にしたがって観念に形を与える能力、すなわち「造形する能力」である。この生産が精神〔＝機知〕の力と趣味によって導かれるところに広義の「文芸 Dichtkunst」が生じるが、これは読まれるものでも聴かれるものでもありうる。そして最後に、この芸術がおごそかなしかるべき韻文にいたったときにはじめて、狭義の「詩」が成立するのだ。しかし、いずれの水準においても「詩 Dichtung」は対立のなかに置かれているので、自らの厳密な意義に立ち返らなければ、疎外されて別物になり、「詩」ではなくなってしまうかもしれない。感性を知性に優先させる「雄弁術」や、模倣にとどまる「写生画」や、精神の力を欠いた「韻文まがい」に堕してしまう危険があるのだ。こうして、「詩」をとりまく複雑な網は、それと類縁関係を持つ言葉の領域の全体を見渡すことによって同定され、明確化される。(26) こうして明るみに出される諸々の能力や力の構造が、分析の導きの糸となるのではない。それらの能力や力が浮き彫りにされ明らかになるのは、日常的な用法のなかで以前からはりめぐらされていた言葉の網目を通じてなのである。たしかに、カントがあれこれの表現の混乱を批判することはあるだろう[27]。しかしその場合にも、カントは言語的慣用のなかにすでに存在している区別の側に立って、その区別を不適切として使用せず、性急に造語する者たちを告発している。

哲学的な考察がこうしてラテン的な普遍性から離脱することは重要である。この離脱によって、哲学的な言語はある所与の国語を自らの起源の地とし、探索の領野とすることができるようになる。哲学的言語は特定の国語と結びついているからといって意義の相対化や限定を受けることはないにしても、そこでなされた発見は特定の言語的な領域のなかに位置づけられる。哲学的な意味と国語の諸々の意味作用とのあいだのこの関係は、やがてドイツ思想において決定的に重要なものになるが、『人間学』ではまだそれ自体として考察の対象になってはいない。とはいえ、この関係はたえず活用されている。人間学的な経験の地は心理学的というよりもずっと言語学的なのだ。しかし、そこで国語は問われるべき体系としてではなく、むしろひとが最初からその内に置かれているような自明な地平として与えられている。やりとりの道具であり、対話の担い手であり、潜在的な相互理解である国語は、哲学と非哲学に共通の領野である。両者はまさに国語において対決する。いやむしろ、そこでこそ通じあう。*

だからこそ、カント流の「饗宴」が存在する。『人間学』には、会食というささやかな社会のかたちに対する根強い関心が見られる。重要なのはまず「会話 Unterhaltung」であり、その会話でやりとりされるもの、やりとりされるべきものである。「社交界 Gesellschaft」は各人がつながりつつ主権を保ちつづける場として、威厳を持った社会的・道徳的モデルにまで高められる。なにより、語らいが価値あるものとされる。語らいとは、ある者と他の者、もしくは居合わせた者全員のあいだで生まれ、そこで完成されるものだ。つまり人間学の観点からすると、モデルとなる集団は家族でも国家でもなく、「食卓を囲む集い Tischgesellschaft」なのである。実際、この「食卓を囲む集い」は、それ独自の規則を守っている時には、普遍性の個別的なイメージのようなものではないだろうか。(28) そこでは透明で共通の言語によって、全員が全員と関係を持っている。誰も自分が特権的だとか孤独だとか感じることはなく、話をする者もしない者もみな語られる言葉の主権に共通にあずかるのである。言語には、たまたま遭遇した出来事を言語化する

「語り Erzählen」と、判断と応酬と判断の修正とからなる「議論 Räsonieren」と、言葉による言葉についての自由な戯れとしての「冗談 Scherzen」の三つの大きな機能があるが、「食卓を囲む集い」ではそのうちのどれも無視されてはならない。これらの機能が小さな集まりならではの運動のリズムにしたがって、入れかわり立ちかわり支配しなくてはならないのだ。最初に出来事の目新しさ、次いで普遍的なものをめぐる真剣さ、最後に戯れのアイロニー。会話の内容について言えば、それは会話が持つ構造の法則を、なめらかでしなやかな連続性を尊重しなければならない。誰もが自由に意見を言っていいし、自説にこだわっても話を変えてもいい。とはいえ、その自由は決して他人から濫用や強制として受けとられてはならない。こうして規則にかなった言語の地平では、諸個人が力や権威の介入も、断念や譲渡もなしに複数の自由を分節化し、ひとつの全体を形成する可能性が成立する。「一緒に食事をする者 convivium」の共同体では、話すことによって彼らの自由が互いに出会い、おのずから普遍的なものとなる。各人は自由でありながら、全体性の形式のなかにある。

もはや私たちは、人間を「世界市民」として研究するという『人間学』冒頭の約束に驚く必要はない。「心」の分析に専念するこの著作は、その約束を反古にしているようにみえた。[29] しかし、実は『人間学』において、人間が「世界市民」なのは、人間がなんらかの社会集団や制度に属すからではない。そうではなくて、ただ単に人間が話すからなのだ。言語のやりとりのなかでこそ、人間は具体的普遍に到達すると同時にみずからそれを完成する。人間が世界のなかに住むとは、本源的な意味で、言語のなかにとどまるということなのだ。

だから『人間学』が明らかにする真理は、言語以前にあって、言語によって伝達されるべきものではない。この真理はずっと内的でずっと複雑なものだ。それは交換の運動そのもののなかにあり、この交換こそが人間の普遍的真理を完成するのだから。先ほど、本源的なものが時間的なもののそのものとして定義されたのと同様に、今度は、本源的なものはあらかじめ存在する秘められた意味のなかにではなく、もっとも眼につきやすい交換の軌跡のなかにあると言ってもよいだろう。言語はこの交換のなかで現実性を獲得し、完成し、再発見するのであり、人間もまた同じようにそこで人間学的な真理を展開するのである。

9 『人間学』の位置

したがって、『人間学』は『批判』を参照して「体系的に構想されて*」おり、この『批判』への参照は時間の問題を経由している。一方、『人間学』はまた大衆的な性格を帯びていて、その考察はある所与の言語の内側に位置づけられている。そして、人間学的考察が所与の言語を改良することなく透明なものにするのは、この言語の特殊性自体が普遍的な意味作用にとって正統な誕生の地であるからだ。だから、人間学のパースペクティヴにおいては、真理は綜合の時間的な散逸を通じて、また言語と交換の運動のなかから姿をあらわす。そこで真理が原初的《プリミティヴ》な形式を見いだすことはない。真理が構成されるア・プリオリな諸契機も、所与のものとの衝突もそこにはないのである。すでに過ぎ去っている時間とすでに話されている言語のなかに、つまり流れゆく時間と決してゼロ地点において与えられることのない言語体系のなかに真理が見いだすのは、自身の本源的《オリジネール》な形式とでも言うべきなにかである。すなわち真理とは、「真に時間的なもの」と「実際にやりとりされているもの」の運動の経験を通じて生まれる普遍的なものなのだ。だからこそ、「心」を内感の形式においてとらえる分析は、人間的普遍としての世界市民にとっての処方箋ともなる。

私たちはすでに、人間学的考察が『批判』を反復すること自体によって、どうして超越論哲学への移行の契機となるかを見てきた。この反復がいかにして移行の構造と機能と価値を持つのかを理解するのはたやすい。たしかに『批判』は純粋に経験的な水準で反復されるのだが、その反復はここでは、真理の諸々の綜合が（つまり経験の領域における必然的なものの構成が）、自由の地平において（個別の人間を普遍的な主体として承認することにおいて）あらわれるようにしてなされるのだから。『人間学』は『純粋理性批判』を経験的な水準で反復するけれど、その経験的な水準ではすでに『実践理性批判』が反復されている。だとすれば、必然の領域はまさしく命法の領域でもある。[1] したがって、『人間学』は本質的に実践的なものと理論的なものが互いに交錯し覆いあう領野の探索となる。それは同じ場所で、同じ言語で、認識のア・プリオリと道徳的命法を反復する。『人間学』はこうして、その経験的な言葉の運動にしたがって、自分自身が理論的に要請してきたもの、すなわち超越論哲学に行き着く。その超越論哲学のなかで、真理と自由の関係がその根拠にまでさかのぼって定義されるのである。別の言葉で言えば、人間学的＝批判的反復は『人間学』そのものでも『批判』でもなく、根本的な考察にこそ依拠する。その根本的な考察に対して、『人間学』は反復されるものの一貫性も、反復を根拠づけるものの深さも持ってはいない。だからこそ、『人間学』はこの反復にとって移行的にすぎないが必然的な契機なのであり、逆説的とはいえ、本質的であるゆえに清算され、消え去らざるをえなかったのだ。

超越論哲学は『人間学』によって開かれながら、しかしただちに、まさにこの開けによって『人間学』から解放される。超越論哲学はこうして、それに固有な水準において、『人間学』が執拗にあらわにするように迫った問題を展開できるようになる。この問題こそ、真理と自由の帰属の問題である。『オプス・ポストゥムム』において幾度もとりあげられる神・世界・人間の大きな三分法で問題にされているのは、真理と自由のこの関係なのだ。神は「人格性」、すなわち自由であり、人間と世界にとっての絶対的な「源泉」である。世界はそれ自体で完結する経験的事物の全体、すなわち真理であり、またのりこえることのできない「領域」である。人間は神と世界の綜合であり、この両者は人間において現実に統一されるのだが、しかし人間は世界に対してはその一住民にすぎないし、神に対しては「限界」づけられた一存在にすぎない。ここでは、真理と自由の帰属がまさに有限性という形式のなかでさだめられることがよく示されている。こうして私たちは、ほかならぬ『批判』の根幹に置きなおされる。私たちは、知的直観*の拒否を根拠づけるものの水準にいるのである。

けれども、神・世界・人間というこの三つの項は根本的な関係に置かれるやいなや、「源泉」・「領域」・「限界」という三つの概念をふたたび作動させる。すでに見たように、この三つの概念はカントの思想を編成する力であり、その執拗に持続する低音であった。この三つの概念は「哲学すること」と『批判』の双方にとって本質的な三つの問いをおぼろげに差配していただけでなく、『人間学』の内容を明確化するものでもあった。いまやこの三つの概念が、存在論的な源泉としての神と、現実存在の領域としての世界と、有限性においてそれらの綜合をはかる人間についての問いに超越論的な意味を与えるのだ。神・世界・人間についての問いの支配がかくも普遍的で、かくも変幻自在で、かくも易々とあらゆる分割を侵犯する以上、私たちはおそらくこれらの問いから出発することで、「批判」から「人間学」へ、「人間学」から「超越論哲学」へのつながりを以下のように理解することができるかもしれない。受動性と自発性の諸関係に問いかける「批判」は、「ア・プリオリ」を問い、「源泉」の概念につらなる諸々の問いの体系を提起する。時間的な散逸と言語の普遍性の諸関係に問いかける「人間学」は「本源的なもの《オリジネール》」を問い、すでに与えられてある世界、つまり「領域」の問題系のなかに位置づけられる。真理と自由の諸関係を定義しようとする「超越論哲学」は、「根本的なもの《フォンダマンタル》」の地帯に位置するものであり、有限性すなわち「限界」の問題系から逃れられない。

おそらく、源泉・領域・限界というこれら三つの概念の回帰には、それらが根本的なものに根づくことまで含めて、概念上の運命に、すなわち現代哲学の問題系に結びつく運動を見てとらなくてはならないだろう。ここで現代哲学の問題系と言うのは、あの散逸のことである。弁証法的な混同であろうと現象学的な混同であろうと、およそどんな混同も還元する権利を持たないあの散逸は、あらゆる哲学的考察の領野を「ア・プリオリ」・「本源的なもの」・「根本的なもの」にしたがって分かつ。カント以後のあらゆる哲学は、暗黙のうちにこの本質的な分割をのりこえることを目指すだろう。この分割を反復し、反復することによって根拠づける考察を介さないかぎり、そんなのりこえなど不可能だということが明らかになるまでは。人間学とは、この混同がたえず再生しつづける場所にほかならない。その名で呼ばれようが他の企図の下に隠されようが、人間学は、あるいは少なくとも人間学的な水準の考察は、哲学を疎外しようとしつづける。「本源的なもの」には、したがってまた人間学的な分析には、「ア・プリオリ」と「根本的なもの」の中間的な性格があるので、哲学内部のエコノミーにおいて不純で非反省的な混合物として機能しうるからである。だから人間学には、「ア・プリオリ」の特権と「根本的なもの」の意義が、また批判の予備的な性格と超越論哲学の完成した形式が、ともに託されることになるだろう。さらに、人間学は必然的なものの問題系から現実存在の問題系へといつのまにか移行し、条件の分析と有限性についての問いかけを混同しつづけることになるだろう。いつの日か、カントから現代にいたる哲学史の全体を、こうして保持されて来た混同の観点から見直さなくてはなるまい*。まさしく、この混同を告発することから出発して、である。

　このような哲学の領野の「構造解体*」を、現象学がたどった軌跡ほどまざまざと感じさせてくれたものはほかになかった。なるほど『論理学研究』が明かしているように、フッサール*のプロジェクトは当初、「ア・プリオリ」なものの地帯を、「本源的なもの」についての考察による横領の様々な形式から解放しようとするものだった*。とはいえ、「本源的なもの」は決してそれ自体の解放の地とはなりえないので、無媒介な主観性としての「本源的なもの」から逃れようとする努力は、結局のところ、受動的綜合*と「すでにそこに」[déjà là] の厚みのなかにあるものとしての「本源的なもの」に送り返されてしまった。現象学的還元*は超越論的と錯覚されたものに向かって開かれただけで、期待された役割を果たすことなどできなかった。つまり批判的考察なしですませ、それにとってかわることなどできはしなかったのだ。フッサールの思考はある時期、カントの追憶をふりはらおうとしてデカルトに参照を求めた*けれど、それでも諸々の構造の不均衡は隠せなかった。こうして「根本的なもの」の地帯に向かういかなる開けも、「世界 Welt」と「世界内 In-der-Welt」の問題系*を正当化し、それに意味を与えるはずのものに導くことができなくなってしまうと、もはやこの「世界」と「世界内」の問題系は経験的なものとして担保されるほかなかったのである。あらゆる現象学的な心理学は、現存在分析*についての様々な変奏まで含め、その色あせた証言にすぎない。

　しかし、私たちはなんという盲目のなかにまどろんでいたことだろうか。「哲学すること」の本来的な分節が、新たに、しかもいっそう抗いがたいかたちで、ひとつの思考のなかにあらわれていたのを見ずにすませてきたとは。もっともこの思考[*]は、自分が「ケーニヒスベルクの中国人[2]」の血脈を保ち、この老人に忠実でありつづけたことをはっきりと自覚してはいなかったのかもしれないのだが。おそらく、「鉄槌を振るいつつ哲学すること」が何を言おうとするのかを聞きとり、「曙光」とは何かを初々しいまなざしで見つめ、「永劫回帰」のなかで私たちのもとに何が回帰してくるのかを理解しなければならないのだろう。[*]そのときはじめて、私たちは見てとることになるだろう。すでに遠い昔のものとなった文化においてア・プリオリと本源的なものと有限性についての考察だったものを、この思考が私たちの世界において本来的な仕方で反復していることを。まさしくここに、哲学の終わりを思考していたこの思考のなかに、いまなお哲学する可能性と新たな厳粛さの呼びかけが存している。

10　人間学的錯覚と二〇世紀の哲学

問題はまだひとつ残っているのだが、それを解くためにはカントの思考の運動自体はあまり助けにならない。その問題とは、人間学的＝批判的反復における経験性についてのものである。経験性へと向かう屈曲は、ア・プリオリから根本的なものへと歩みを進めようとするあらゆる考察にとって本質的なものと考えられるべきなのだろうか。そのとき、人間についての学は、あるいはむしろ人間についての学が可能になる経験的な領野は、哲学が哲学自身へと向かう行程のなかに組み込まれてよいことになる。あるいは、経験性のなかに内容と法則を見いだすことなく、諸々の本質にかかわるような人間学が、つまり直観だけが豊かさと生命をもたらすような人間についての考察が考えられるのだろうか。そのときには、経験的なものは単に実例としての価値しか持たず、認識の形式そのものを定義することも損なうこともないはずである。

カントの『人間学』はこの点について明快な答えを与えてはくれない。たしかに、それは単なる経験的な実例集かもしれない。しかし、まさに実例集であり狂詩曲のごときものであるからこそ、『人間学』を分割する反省的な運動は他所から来て他所へと去っていくのだし、この認識がみずからあつかう経験的な領域にどう依拠するかを正確に定義することもできないのだ。『人間学』には二重の関連の体系がある。それは一方で、批判的考察と超越論哲学に、もう一方で、十八世紀後半にとりわけドイツで展開された人間学的な探究の長大な系列に連なっているからである。

カントの著作が人間学的なテクストの歴史と影響関係の網のなかに占める位置を、正確に見さだめるのはかなりむずかしい。それには二つの理由がある。ひとつには、カントの思想が同時代の科学、とりわけ生理学と医学に対して影響を及ぼしたからであり、またひとつには、『人間学』の公刊が遅れたために、四〇年ほどしてシュタルケが利用したような学生のノートや講義録がすでに流布していたからである。そのため、『人間学』よりずっと以前に公刊されたもののなかにも、陰に陽にカントの思想を参照するテクストが数多く見られるのだが、その類似を前にして、どちらがどちらに影響されているのか、どちらが先行していたのかを決定するためには、刊行年にばかり頼っているわけにはいかないのだ。この複雑な網のなかで、導きとなるのは以下の三種類の指標だけである。

1. カントへの参照が明示的にあらわれるテクスト。たとえば、イートの『人間学研究』（ベルン、一七九四）やシュミットの『経験的心理学』（イエナ、一七九二）、それからフーフェラントの『マクロビオティック』がこれにあたる。これらのテクストがすべてカントを参照していることは、すでに指摘しておいた。それに付け加えるべきものとしては、プラトナー*の『人間学』の第二版(1)や、あきらかにカントの影響下にあったいくつかの仕事がある。たとえば、ケルナー*の論文「批判哲学の原理に基づく有機的力の定義(2)」である。

2. 反対に、カントが実際に知っていて、『人間学』のなかで用いたと考えられるいくつかの先行テクストがある。こうしたテクストの筆頭は、テーテンスの『人間本性とその発展についての哲学的試論*』（一七七七）、プラトナーの『人間学』初版*（一七七二）、そして言うまでもなくバウムガルテンの「経験的心理学」（一七三九）*である。カントが書き込みを加えている(3)この「経験的心理学」は、『人間学』の導きの糸となっている。二つのテクストの構成上の類似はきわめて眼につきやすく、節ごとに対照できるほどだ(4)。ただし、この種の構成は十八世紀の心理学では古典的なもので、その起源、ないしその決定的な確立の時点は、おそらくヴォルフ*にまでさかのぼることには注意しなければならない[5]。それだけではない。バウムガルテンの「経験的心理学」が提供する図式を、『人間学』は練り直している。「一次的表象」と「附随的表象」の区別[6]は、『人間学』では二重化されて、「一次的および二次的な表象」と「主要表象と附随的表象」からなる体系をなす[7]。同様にバウムガルテンによる「占い Wahrsagen」と「予言 Weissagen」の分析[8]は、カントにおいてはより詳細に「予報 Vorhersagen」「占い Wahrsagen」「予言 Weissagen」に区分されている[9]。

3. 最後に、いくつかのテクストについては、まずまちがいなくカントの作品の発展そのものに影響を与えていることが指摘できる。『人間学』の決定稿に見られる変更や追加のいくつかは、当時出版されたばかりのテクストに由来するからだ。たとえば、カントがシュミットの『経験的心理学』を読み、それを使ったことは疑いをいれない。「人間学遺稿」のノートやシュタルケによって公刊された講義録には、人間学的な考察の補助や支えとなる経験的な原資料についての言及はまったく見られない。一七九八年のテクストではじめて、世界の歴史・伝記・演劇・小説といった「参考資料」が列挙される[10]。ところが、一七九一年にシユミットは魂の経験的な研究の「参考資料」に一節を割いており、そこに挙げられているのが、歴史書・伝記・性格論・悲劇と喜劇・小説なのである。[11] しかしもっと重要なのは、当のシュミットが人間についての学を三種類に区分していることだ。すなわち、人間の内面と内感にあらわれるすべてのものをあつかう「心理学」と、人間の外面と身体をあつかう「医学的人間学」と、内面と外面の相互関係を研究する「本来の意味での人間学[12]」である。ここに、カントが一七九一年以降に『人間学』の二つの部に付したあの副題の起源を見ずにいるのはむずかしい。[13]

十八世紀末にはこのように、経験的な認識が巨大な網目をはりめぐらせて人間学の領域をかたちづくっていた。この領域の総体とカントのテクストのあいだには明らかに類縁関係があるのだが、いまのところ、その関係の時間的順序や相互的影響の序列を確定することはできない。しかしながら、当時人間学というひとつの学をつくりあげるという主張とともに出現したこの経験的認識の領野が、一般にどのような意味を持っていたかを問うことはいまからでも可能である。「人間学」という用語の運命はまだしも、その語形自体は早くも十六世紀にはさだまっていた。[14] しかし、ここではこの用語の考古学には立ち入らずにおこう。それより、これら十八世紀末にあらわれた新たな人間学は、デカルト主義的な人間の学に対してどのような意味を持っていたのだろうか。

1. 十八世紀初頭、人間学の初期のプロジェクトは一群の具体的な学問上の難題と結びついていたように思われる。今日、往々にしてあまりにも性急に「デカルト主義的機械論への批判」と呼ばれているものは、当時の人々にとっては、彼らが抱え込んだ認識上の新たな苦闘を理論的な言葉で表現する際のひとつのあらわれでしかなかった。一般的に、この頃人間の身体の機能についての探究は、概念の水準で起こったきわめて重要な二重化の契機になっていた。「自然《ピュシス》 Physis」の統一が疑問に付されることはなかったとはいえ、その統一の内部で、身体にとっての自然的なもの［le physique］が物体にとって自然的なもの［la physique］から剝離しようとしていたのだ。人間において自然的なものは、自然の一部ではあっても物理の一部ではないというのである。そこから、時に相矛盾するような概念の奇妙な交錯がいくつも生じるけれども、それらの交錯はすべて、物理学的な知と、諸々の身体についての知と、「自然《ピュシス》」の知とのあいだに秩序を立てることとの困難に起因するものだった。ヴォルフは「自然学 Physica」を自然認識のもっとも一般的な形式として保ちながら、身体についての学である「生理学 physiologie」をそれに属するものとして位置づけていた。[15] 逆にカントは「生理学 Physiologie」のなかに自然についての経験的認識の総体を含め、「物理学 Physique」をその単なる一部門と見なすことになる。[16] 実のところ、自然学が物理学とずれるようにみえはじめたのは、もはや物理学が人間の身体の領域を覆うことができなくなっていたからだ。人間学の存在はこのずれの原因であるとともに結果であり、いずれにせよこのずれと相関していたのである。

2. だが、このずれが生物学一般にではなく、人間学に結びついたのはなぜだろうか。ヴォルフが生理学を「特に人間の、生気を与えられた身体[17]」についての学と呼ぶのはなぜなのか。それはおそらく、人間についての認識が魂という形而上学的な特権の規定と、医学という技術的熟練が交わる地点に位置しているからだろう。だからこそ、人間は「自然《ピュシス》」と「物理《フィジック》」のあいだのずれによって開けた空き地に、認識にとっての第一の主題としてあらわれることになる。ヴォルフはさらに次のように言っている。「生理学は生気を与えられた身体についての学として定義される。医学者たちによれば、厳密には、健康な身体についての学である。他の人々は、特に人間についての自然学的論及を人間学と呼んでいる[18]」。

生理学でもあるがゆえに種別性を持ちうる。それが単なる物理学ではない理由は、人間学にあるのだ。

3. 人間学のこの逆説的な位置どり（それは部分であるにもかかわらず、全体の理由でもある）は、一連の重大な帰結をもたらす。人間学は「自然《ピュシス》」の学の限界であると同時に、この限界についての学になる。しかし人間学は、この限界を自らの足下にあって、自らが限界づけている領域のほうに折り返す。だからこそ、人間学は関係の不在を関係として、断絶を連続として、有限性を実証性として定義することにもなる。プラトナーも言っている。「身体と魂をその関連において、すなわち相互的な限定と関係において考察することができる。これを私は人間学と呼ぶ[19]」。しかし、テーテンスはすでに、「自然《ピュシス》」という視点を導入しなければ、この関係は人間学のなかには収まりがつかないことをはっきり見てとっていた。しかもその際、彼は人間学と自分たちの哲学の方法を対置していたのである。その哲学の方法にしたがえば、魂の変容は「自己感情を通じて知られるような仕方で」論じられなくてはならない。それに対して、分析的心理学、すなわち人間学においては、魂の変容は「魂の内的器官としての脳におけるなにごとかという側面において」検討され、さらに「脳の様々な様態とその変化として[20]」説明されるという。

4. 人間学のプロジェクトの出発点がこのようなものであった以上、それは限定的かつ規範的なものにならざるをえない。限定的というのは、この学は、人間が「自己感情」を通じて自分自身について知っていることをしりぞけ、「自然《ピュシス》」を媒介とする運動によって知りうるものだけを受け入れるからである。それゆえ、人間学はつねに自然の地平を前提としながら、そこから屈曲して現象のなかの現象としての人間だけを目指すことになる。しかし一方で、人間学はつねに生き生きとした身体についての学、自己自身を目的とし、正しい機能にしたがって成長すべき身体についての学でもありつづける。人間にとって健康が生気を与える力の同義語だとすると、人間学はまた健康についての学ともなるだろう。ある意味で、それは規範的なもの、すなわち正常なものについての学*にほかならない。ローダー*が言うように「健康な状態にある人間の身体の諸部分の性質と効用に関する理論[21]」というわけである。

5. こうして人間学は人間についてのあらゆる認識をとりまき、包み込むものとなる。人間学は人間が自分自身について知りうることすべてに対して、陰に陽にその地平を提供する。だからどんな学問領域でも、そこに人間のなにかが含まれているかぎり、人間学の広い領野のなかに場所を得ることができる。ラクルテル*によれば「われわれの認識の広大な総体のなかにあって、まず私の眼に飛び込むのは、人格的な諸関係のなかでとらえられた人間と、政治的な連合体のなかに集う人間たちをあつかう認識である[22]」。けれども、人間が自然的存在とされる以上、人間の自己認識は限定され、自然の戯れのなかに差し込まれてはじめて根拠を持つから、自然の戯れが人間に自己自身の認識を可能にするのは、認識から価値を抜き去ることによってでしかない。こうして人間学によって根拠づけられた学は限定され、人間の身の丈に合わせて切り詰められ、それ自身の真理から転落してしまうのだが、またその転落ゆえに人間の真理に立ち戻るのである。その結果、人間学は根拠でもあれば限定的な規則でもあるものとして、まるで規範的な認識のようにふるまい、人間を問題にする諸学のそれぞれにどのような道を進むべきか、またそれがどのような可能性と限界を持つのかをあらかじめ指定することになる。まさにこのようにして、イート*は生理学的な人間学、心理学的な人間学、歴史的な人間学、道徳的・目的論的な人間学を次々と見通すことができた[23]。人間学は知を根拠づけることによって、もしくは少なくとも知を根拠づけるものの学となることによって、その知を限定するとともにある目的に従属させるのである。

したがって、経験的な内容がどうあれ、人間学には固有の認識論的構造がそなわっている。人間学は、スタイルに関してはまだデカルト主義を踏襲していた当時の様々な「人間論」*にも、つねに突出するロックの思想*の影響下にあった経験論にも重ならない意味を持っている。たしかに、人間学は前者と同様に自然の言語によって書かれる知であり、後者と同様に本源的なものを喚起するだろう。しかし、それらはいずれも人間学の認識論的構造の全体のなかにある契機にすぎない。この認識論的構造は、動物としての人間でも自己意識でもないなにか、すなわち「人間の本質 Menschenwesen」を中心にして均衡を保っている。「人間の本質」とは、人間の自然的存在でもあり、人間の可能性の法則でもあり、人間の認識のア・プリオリな限界でもある。だからこそ人間学は、単なる人間についての学にも、人間についてのあらゆる学のなかの学、これらあらゆる学の地平にもとどまらない。それは人間にとって認識を根拠づけ、限定するものについての学でもあるのだ。人間学を特徴づけるあの「人間 - 知 Menschen-Kenntnis」の両義性*はここに潜んでいる。それはまず人間についての認識であり、人間を客体化する運動のなかにある。この運動は人間を、自然的存在の水準で動物としての諸規定の内容においてとらえようとする。しかし、それはまた人間の認識の認識でもあって、主体に問いかける運動のなかにある。この運動は主体自身について、主体の限界について、また主体が自分自身から得られる知によって何ができるかについて問いかけるのである。

人間学は自然の一部門を問題にしていると信じていたのだが、実際のところそれは、神を奪われた古典哲学の影によって私たちの時代の哲学をすっぽりと覆ってしまうような、ある問いを提起するものだった。すなわち「有限性についての経験的な認識は可能なのか?」という問いである。なるほど、デカルトの思想はいちはやく、誤謬の経験を通じてこの有限性の問題に出会っていたけれど、それが最終的に有限性の問題に立ちいたったのは、無限の存在論を出発点としてのことでしかなかった。* 経験論はと言えば、この有限性にとりくみ、たえずそこに送り返されていたとはいえ、有限性は経験論自体の限界、あるいは認識の境界にすぎなかった。人間学的な問いかけはまた異なった意味を持っている。この問いかけにとって重要なのは、人間の水準において十分に解放され、根拠づけられた有限性の認識がありうるのかいなかを知り、この有限性をそれ自体として、すなわち実証性《ポジティヴィテ》の形式のもとで思考することなのだから。

　まさにこの地点に、カントが行なった大がかりな配置転換が介入する。実際、『人間学』の内的構造と、それをひそかに活気づけている問いは、批判の問いかけとちょうど同じ形式をとっている。認識の可能性と限界を認識しようとする『人間学』は、『批判』の運動をその外側から、経験性の身振りでなぞっているのだ。だから『人間学』では、所与がア・プリオリとして機能しうるようにみえる。「人間学者」たちは長い間、いともたやすく、思考を反転させることもなしに、カントの教えを受け入れることができると信じてきた。シュミットやフーフェラントやイートは、十八世紀を越えて続く長いリストの筆頭に挙げられる証人にすぎない。いまだに人間学を寿いでいるような私たちの同時代人たちはよほど素朴なのであり、そんな素朴さには抗ってしかるべきなのだ。彼らによると、無味乾燥な合理主義が迷い込んだ分裂——心身の分裂とか主客の分裂とか——をついに確実にのりこえさせてくれるのが人間学だという。しかし、この目くるめくような融和のなかで彼らが出会っているのは、「人間知」の文法的な両義性に耳を傾けることを知らない彼ら自身の、驚くにも値しない奇跡でしかない。

　事実、批判的な思考を実証的《ポジティヴ》な認識の水準に適用していると思い込む時、ひとはカントが残した教えの本質的なものを忘れている。『人間学』を批判の総体に対して位置づけることのむずかしさを思いおこすだけでも、この教えが単純なものではないことを理解するには十分だったはずなのだが。ともあれ、この教えは以下のことを伝えている。『人間学』の経験性はそれ自身に根拠を持つことはできないこと。『人間学』はただ『批判』の反復としてのみ可能であること。したがって、『人間学』は『批判』を包摂することも参照せずにおくこともできないこと。最後に、『人間学』が『批判』の外で経験的な次元におけるその類比物となるのは、すでに名指され、明るみに出されたア・プリオリの諸構造に依拠するからであること。したがって、カントの思考全体の編成のなかでは、有限性がそれ自身の水準で考察されることなどありえない。有限性が認識と言説に与えられるのは副次的にでしかないのだ。しかし、この有限性が参照すべく強いられるのは無限の存在論ではなく、認識のア・プリオリな条件の編成の総体である。言いかえれば、『人間学』は二重に『批判』に従属する。認識としては、『批判』によって確定される条件とそれによって規定される領域に。有限性の探索としては、『批判』によって提示される、原初的で、のりこえることのできない有限性の諸形式に。

以上のように理解してみると、『人間学』の位置は『自然科学の形而上学的原理*』の位置と似ていなくもない。両者はともに、一方では「批判」と認識のア・プリオリな諸形式を、他方では経験的にかたちづくられ、歴史的に展開された知の原理を置いて、*そのあいだの分節化の体系を明らかにしようとするのだから。しかし、この対称性は表面的なものにすぎず、その深層では非対称性が支配している。『原理』で問題になるのは物理学であり、すでに真理と化した十全な学である。それに対して『人間学』が問うのは「自然《ピュシス》」であって、不完全性や境界や失調、つまり自然の水準における否定性が問題になるような認識の層である。別の言いかたをすれば、『批判』と『原理』のあいだの連続性は、双方に対称をなしてみられる能動性の諸々の形式と、その能動性によって根拠づけられ構造化される真理の領野によって保証されている。『批判』と『人間学』のあいだにも連続性があるが、それは双方に共通して執拗に限界があらわれ、その限界によって厳密な有限性が示唆されるからである。『原理』は神なしで済ませ、『批判』によって内的矛盾を孕むことがすでに証明されていた顕在的《アクチュエル》な無限の仮説を無用のものにしてしまう。『人間学』は神の不在をみずから指し示し、この無限の後に残された空虚のなかで展開される。物理的な物体からなる自然が綜合について語るところで、人間の経験的な自然は限界について語るのだ。おそらくカントの思考の中心には、「綜合」と「限界」のこの相互的で反転した性格、この非対称的な対称性が存在している。『批判』はそこから、あらゆる可能的な認識に対する特権を受けとるのである。

いまや、私たちの出発点に立ち戻るべき時が来た。『批判』がつねに人間学講義に伴われていたという事実に、そしてカントが超越論的考察に努力を傾けるかたわらで人間についての経験的な認識を蓄積しつづけていたというあの単調な対位法に立ち戻るべき時が。二五年間にわたってカントが人間学を講義しつづけたのは、おそらく単に大学人としての務めだったからではないだろう。この執拗さは、カント的な問題の構造そのものに結びついている。無限の存在論を介することも絶対者の哲学に対して妥協することもない考察のなかで、いかにして有限性を思考し、分析し、正当化し、根拠づけるのか？　この問いは実際に人間学のなかで作動してはいるものの、真の次元において展開されるにはいたらなかった。なぜなら、それは経験的な思考のなかでそれ自体として考察されうるものではないから。だからこそ、人間学はカントの批判の企てに対して周縁的なものにとどまらざるをえなかったのだ。人間学は本質的であるとともに非本質的なものである。人間学はどこまでも縁《ふち》でありつづける。中心はいつもそこからずれているのだが、たえずその縁に立ち返り、その縁に問いかけるのだ。批判の運動は人間学の構造からくっきりと浮かびあがるものだった、と言ってもよい。それは一方で、人間学の構造が批判の運動を外側から描き出していたからであり、もう一方で、批判の運動はただ人間学の構造から解放され、反転してこの構造に対立し、この構造を根拠づけることによってはじめて価値を持つからである。『人間学』に固有な認識論的布置は『批判』を模倣していた。しかし、この類似に惑わされることなく、その合理的な秩序を復元してやらねばならなかった。この秩序によると、『人間学』は『批判』を重力の中心として、その周囲を回転するものだった。こうして再建された秩序は人間学にとっての真正な解放の形式であり、その真の意味を明るみに出すものだった。そのとき、『人間学』はア・プリオリから根本的なものへ、批判的思考から超越論哲学への移行が告げられる場所としてあらわれたのである。

人間学と現代哲学がどんな誤解と錯覚の絡まりあいのなかに迷い込んでしまったかがわかるだろう。ひとは人間学に批判としての価値を与えようとした。すなわち人間学を、様々な偏見やア・プリオリの生気を欠いた重圧から解放された批判として位置づけようとしたのだ。しかし本来、人間学が根本的なものの地帯への通路となるには批判に従わなければならなかったのである。ひとはまた（これも批判の忘却の別のありかたにすぎないのだが）、人間学を実証性の領野と化し、あらゆる人間科学はそこに根拠と可能性を見いだすのだと考えようとした。けれども実際には、人間学は限界と否定性について語ることしかできはしない。人間学の意義は、批判の厳密さ*を、有限性の優位を超越論的に根拠づけようとする企てへと伝えるところにしかないのだ。

　人間学とは何か、いや、それが哲学の領野全体のなかで本質的に何であるべきかという観点から、あらゆる「哲学的人間学*」をしりぞけなければならない。根本的なものにいたる自然な通路であると自称する「哲学的人間学」を。また、人間についての特定の人間学的考察によって出発点と具体的な地平をさだめるような、あらゆる哲学をしりぞけなければならない。この双方において、カント以後の西洋哲学に特有の「錯覚」がはたらいている。人間学的な形式をまとうこの錯覚は、カント以前の形而上学が内に秘めていた超越論的な錯覚と対をなしている。この対称性によって、それを導きの糸として、人間学的錯覚がいかなるものかを理解することができるだろう。

実際、歴史的に言って、人間学的錯覚は超越論的錯覚から派生する。というより、それはカントの批判における超越論的錯覚の意味の横滑りから生じたのである。超越論的な仮象の必然性はしだいに、真理と現象と経験の構造としてよりも、有限性のおびる具体的な聖痕《スティグマ》として解釈されるようになっていった。超越論的仮象においてカントがなんとも曖昧に「自然的」と呼んでいたのが、客観への関係の根本的な形式であったことが忘れられて、人間本性という意味での「自然」に回収されてしまったのだ。その結果、錯覚はそれを批判する認識論的考察の運動によって定義されるのではなく、批判以前の水準に差し戻されて、二重化と根拠づけをこうむった。こうして、錯覚は真理の真理となった。まさにこの錯覚ゆえに、真理はつねにそこにありながら決して与えられることはないというのである。そのとき、錯覚は批判の存在理由と源泉となり、真理を失いつつたえず真理に呼び戻される人間の運動の原点となった。いまや有限性として定義されたこの錯覚は、真理の退却地そのものとなったのだ。真理はそこに隠れているのだが、つねにそこに見いだされうるのである。

だからこそ、人間学的錯覚は構造的に言って超越論的錯覚の裏面であり、鏡のなかで反転されたイメージなのである。超越論的錯覚は、知性の原理を経験の限界の外に適用することから生じた。つまり、おのずからなされる一種の侵犯によって、可能的な認識の領野のなかに顕在的《アクチュエル》な無限を承認することから生じた。一方、人間学的錯覚はこの侵犯自体を説明しようともくろむ反省的な退行のなかにある。有限性をのりこえることができるのは、この有限性がそれ自身以外のなにものかでもあり、有限性の源泉が見つかるその足下に位置するかぎりのことでしかない。この足下とは、折り返された有限性そのものにほかならないのだ。そこで有限性は、自己自身をまざまざと感じる経験の領野から、自己自身を根拠づける本源的なものの地帯に向かって折り返される。こうして有限性の問題は、限界と侵犯についての問いかけから自己自身への回帰についての問いかけに、真理の問題系から同と異の問題系に移行した。有限性は疎外の領域に踏み込んだのだ。

しかし、逆説はここにある。認識の予備的な批判からも客観への関係という最初の問題からも解放された哲学は、だからといって、根本的な定立であり、考察の出発点である主観性から解放されはしなかった。それどころか、哲学は逆に主観性のなかに閉じ込められてしまうことになった。厚みを増し、実体化され、「人間的本質 menschliches Wesen」ののりこえ不可能な構造のなかで閉塞する主観性のなかに。この「人間的本質」の構造のなかで眼を光らせながら静かに潜んでいるのが、真理の真理というあの擦り切れた真理なのである。

だとすれば、私たちの時代の考察に特徴的な運動のなかで生じた一連の事態を理解することができるだろう。人間についてのあらゆる認識はなぜ、最初から弁証法化されたものとして、あるいは弁証法化しうるものとして示されるのか？　そしていずれにせよ、なぜ、本源的なものへの回帰、本来的なものへの回帰、あるいは根本的な能動性への回帰、すなわち世界に意味を成り立たせるものへの回帰が問題になるような意義を帯びるのか？　また、あらゆる哲学はなぜ、人間についての科学や経験的な考察と、批判も科学哲学も認識論も介すことなく通底するものとされるのか？　人間学とは、人間の経験と哲学を非反省的な媒介によって結びつけ、私たちの知の根拠へと向かわせる秘密の道なのだ。「人間とは何かWas ist der Mensch ?」という問いの惑わしに満ちた多義性こそが、均質で、脱構造化され、果てしなく反転可能なこの領野、人間が自分自身の真理を真理の精髄として示すこの領野を生んだのである。「意味」「構造」「生成」といった変幻自在な概念は、どのような価値を持ちうるにせよ、そして厳密な思考のなかでその価値を再建すべきであるにせよ、いまのところただこれらの概念が通用している領域の混乱を示唆しているにすぎない。こうした概念が人間科学のすべてと哲学の双方で区別なく流通しているからといって、両者を連続したものとして考えてよいということにはならない。それが示すのはただ、この人間学的錯覚に対して真の批判を差し向けることができない、私たちの無力でしかないのだから。

　しかしながら、私たちはすでに半世紀以上も前から、この批判のモデルを手にしている。ニーチェの企ては、人間についての問いかけの増殖についに終止符を打ったものとして理解しうるだろう。実際、神の死は、絶対者にとどめを刺すと同時に人間自体を殺すような、二重の殺害の身振りとともに宣言されたのではなかったか。そもそも有限性のなかにある人間は、無限の否定でもあればその前哨でもあって、まさにそれゆえに無限とは切り離すことができない。だからこそ、神の死は人間の死において完成するのだ。人間をも無限をも解放するような、有限性の批判を考えることはできないだろうか。有限性は終着点ではなく、時間のあの湾曲、あの結び目であって、そこでは終わりが始まりであると示してくれるような批判を考えることができないだろうか。

「人間とは何か」という問いが哲学の領野のなかで辿った軌跡は、その問いを退け、無力にする、ひとつの答えにおいて完結する。すなわち、超人。

原注

i　フーコーによるカントの引用・参照は、書簡の一部と遺稿をのぞき、カッシラー版カント全集（Cassirer）に拠っている。「Kants Schriften」はアカデミー版カント全集（Ak.）のことである。

ii　カントからの引用の典拠については、岩波版『カント全集』の巻数・頁数を併記した。なお、原注および原著編者補足には不適切な表記や少なからぬ誤りが見られるので、なるべく読者の利用しやすい注になるよう、訳者の気づいた範囲で、特記せずに補足・削除・訂正をほどこした箇所がある。原著編者による仏訳文献の補足は割愛した。

iii　〈〉内は原著編者による補足、［］内は訳者による補足である。

編者前書き

（1）M. Foucault, *Dits et écrits*, t. 4, Paris, Gallimard, 1994, n° 348.［『ミシェル・フーコー思考集成』（蓮實重彥・渡辺守章監修、筑摩書房、一九九八〜二〇〇二、全十巻）第十巻「歴史のスタイル」、安原伸一朗訳、一二七頁。］

（2）Kant, *Anthropologie du point de vue pragmatique*, trad. fr. par M. Foucault, Paris, Vrin, 1964, 4e trimestre. このカント『人間学』の仏訳は、一九七〇年に再版されたあと、文庫版で一九九一、

一九九四、二〇〇二の各年に刊行された。

(3) このアカデミー版への参照は、翻訳に付された注にもあらわれる。

(4) Nietzsche, *Par-delà bien et mal*, Paris, Garnier-Flammarion, 2000, aphorisme 210, p. 179-180. [『ニーチェ全集』第十一巻『善悪の彼岸』、信太正三訳、ちくま学芸文庫、一九九三、二〇八頁。]

(5) M. Foucault, « Introduction à *Le Rêve et l'existence* », dans L. Binswanger, *Le Rêve et l'existence*, Paris, Desclée de Brouwer, 1954. *Dits et écrits*, t. 1, Paris, Gallimard, 1994, p. 93-147 に再録。[『ミシェル・フーコー思考集成』第一巻「ビンスワンガー『夢と実存』への序論」、石田英敬訳、七七～一四八頁。]

(6) M. Foucault, *Les Mots et les choses*, Paris, Gallimard, 1966, p 261. [ミシェル・フーコー『言葉と物』、渡辺一民・佐々木明訳、新潮社、一九七四、二六八頁参照。]

1　『人間学』の日付

(1) E. Kant, *Anthropologie du point de vue pragmatique*, précédée de Michel Foucault, *Introduction à l'Anthropologie* de Kant, présentation par D. Defert, Fr. Ewald, F. Gros, Paris, Vrin, 2008 (以下 *Anthropologie* と略記), Préface, p. 85. 〈アカデミー版全集 Ak. VII, 122〉『カント全集』(坂部恵・有福孝岳・牧野英二編、岩波書店、一九九九～二〇〇六、全二二巻) 第十五巻『実用的見地における人間学』、渋谷治美訳、十五頁。

(2) Cf. E. Arnoldt, *Kritische Excurse* im Gebiete der Kant-Forschung (Königsberg, 1894), p. 269 *sq.*

(3)［*Der Neue Teutsche Merkur*］, 1797, vol. II, p. 82. O. Külpe の引用（Ak. VII, 354）による。

(4) Külpe の引用（同右）による。Cf. E. Arnoldt, *Beiträge zu dem Material der Geschichte von Kants Leben*〈Königsberg, 1898〉.

(5) Starke (éd.), *Kants Anweisung zur Menschen- und Weltkenntnis* (Leipzig, 1831), *Kants Menschenkunde oder philosophische Anthropologie* (Leipzig, 1831).

(6) 本書八四頁以下参照。

(7) Ak. XV.［『カント全集』第十五巻に「人間学遺稿」として抄訳（高橋克也訳）が収められている。］

(8) *Ibid.*［『カント全集』第十五巻に「人間学遺稿」とともに抄訳（高橋克也訳）が収められている。］

(9) アカデミー版全集第十五巻の「経験的心理学 *Psychologia empirica*」へのカントの書き込みを参照せよ。〈*Erläuterungen zur Psychologia empirica in A. G. Baumgartens Metaphysica*, Ak. XV, 3-54〉.

(10)〈Carl Christian Erhard Schmid, *Empirische Psychologie*〉, Iena 1791.

(11) イートは〈Johann Ith, *Versuch einer Anthropologie oder Philosophie des Menschen, nach seinen körperlichen Anlagen*, Bern 1794-1795〉, t. I, p. 12 ; t. 2, p. 135, p. 146, p. 169, p. 341 でカントに参照を求めている。

(12) シュミットは〈*Empirische Psychologie,*〉 p. 22 でカントに言及している。

(13) Cassirer X〈Briefe von und an Kant, 2^{e} partie, 1790-1802〉, p. 299〈Ak. XII, 148〉『カント全集』第二二巻「書簡II」、木阪貴行・山本精一訳、三〇五頁。

（14）*Kants Schriften*, Ak. XII, 202.

（15）*Ibid.*, 219『カント全集』第二二巻、三五一頁。

（16）たとえば Cassirer X, p. 346, p. 348〈Ak. XII, 244, 248〉『カント全集』第二二巻、三七二頁、三七五頁を参照。

（17）*Ibid.*, p. 329〈Ak. XII, 208〉『カント全集』第二二巻、三四二頁。

（18）*Anthropologie*, p. 94〈Ak. VII, 133〉『カント全集』第十五巻、三三頁。

（19）Cassirer X, p. 300〈Ak. XII, 158〉『カント全集』第二二巻、三〇六〜三〇七頁。

（20）［*Journal der praktischen Arzneikunde und Wundarzneikunst*, 4ten Stück, V. Band］該当するのは主に、手稿では§26に見える一節である。そこで、眠りは筋肉の弛緩として、目覚めは筋肉の緊張として定義されている。その証拠は、突然眠りから覚まされて計測された人間は、その同じ人間を目覚めてしばらくしてから計測したときよりも「一センチほど大きい」ことにあるという。

（21）*Anthropologie*, p. 161〈Ak. VII, 212〉『カント全集』第十五巻、一四九頁。

（22）Cf. *Religion*, Cassirer VI, p. 172〈Ak. VI, 33〉『カント全集』第十巻『たんなる理性の限界内の宗教』北岡武司訳、四四頁。Samuel Hearne, *A Journey from Prince of Wales Fort in Hudson's Bay to the Northern Ocean*, London, Cadell, 1795 を見よ。サミュエル・ハーン（一七四五〜一七九二）はハドソン湾会社に勤めるイギリスの海軍人だった。

2　前批判期とのかかわり

（1）*Observations sur le beau et le sublime*, trad. fr. R. Kempf (Paris, 1959)〈p.ix-xv〉.

（2） *Anthropologie*, p. 223 *sq.* 〈Ak. VII, 286-287〉『カント全集』第十五巻、二五七頁以下。
（3） *Beobachtungen*, Cassirer II, p. 263 *sq.* [Ak. II, 223]『カント全集』第二巻「美と崇高の感情にかんする観察」、久保光志訳、三四二～三四三頁、および *Anthropologie*, p. 226 〈Ak. VII, 289〉『カント全集』第十五巻、二六一頁。
（4） *Beobachtungen*, *ibid.*, p. 269 *sq.* [Ak. II, 228]『カント全集』第二巻、三四九頁以下および *Anthropologie*, p. 237 *sq.* 〈Ak. VII, 303 *sq.*〉『カント全集』第十五巻、二八二頁以下。
（5） *Beobachtungen*, *ibid.*, p. 286 *sq.* [Ak. II, 243]『カント全集』第二巻、三六八頁以下および *Anthropologie*, p. 244 *sq.* 〈Ak. VII, 311 *sq.*〉『カント全集』第十五巻、二九五頁以下。
（6） *Versuch über die Krankheiten des Kopfes*, Cassirer II, p. 305-307 [Ak. II, 261-263]『カント全集』第二巻「脳病試論」、加藤泰史訳、三八九～三九三頁、および *Anthropologie*, p. 159 *sq.* 〈Ak. VII, 210〉『カント全集』第十五巻、一四五頁以下。
（7） *Krankheiten* Cassirer II, p. 307-308 [Ak. II, 263-264]『カント全集』第二巻、三九〇～三九二頁。
（8） *Ibid.*, p. 304 [Ak. II, 260]『カント全集』第二巻、三八八頁。
（9） *Ibid.*, p. 308-310 [Ak. II, 264-266]『カント全集』第二巻、三九四～三九七頁。
（10） *Ibid.*, p. 312 [Ak. II, 267-268]『カント全集』第二巻、三九九～四〇〇頁。
（11） *Ibid.*, p. 313 [Ak. II, 268]『カント全集』第二巻、四〇〇頁。
（12） *Anthropologie*, p. 163 *sq.* 〈Ak. VII, 214-215〉『カント全集』第十五巻、一五一頁以下。
（13） *Ibid.*, p. 253-254 〈Ak. VII, 322〉『カント全集』第十五巻、三一三頁。

（14）［Ch. Girtanner, *Über das kantische Prinzip für die Naturgeschichte*,］Göttingen, 1796.

（15）*Von den verschiedenen Racen der Menschen*, Cassirer II, p. 459-460［Ak. II, 441-443］『カント全集』第三巻「さまざまな人種について」、福田喜一郎訳、四一三～四一五頁。

（16）この表現は『人間学』冒頭にふたたびあらわれている。*Anthropologie*, p. 83〈Ak. VII, 119〉『カント全集』第十五巻、十一頁。

3　批判期後とのかかわり

（1）Cassirer X, p. 249［Ak. X, 515］『カント全集』第二一巻、二四六頁。

（2）一七九四年九月十六日の手紙（Cassirer X, p. 251-252）〈Ak. XI, 523-525〉『カント全集』第二二巻、二四八～二五〇頁。

（3）一七九七年六月二〇日の手紙（Cassirer X, p. 301-310）［Ak. XII, 162-171］『カント全集』第二二巻、三〇七～三一九頁。

（4）一七九七年六月二四日の手紙　（Cassirer X, p. 310-313）［Ak. XII, 173-176］『カント全集』第二二巻、三二一～三二六頁。

（5）*Anthropologie*, p. 98 *sq.*〈Ak. VII, 138 *sq.*〉『カント全集』第十五巻、四〇頁。

（6）*Ibid.*, p. 123-124〈Ak. VII, 167-168〉『カント全集』第十五巻、八三～八四頁。

（7）*Ibid.*, p. 102〈Ak. VII, 142〉『カント全集』第十五巻、四五頁。

（8）*Ibid.*, p. 118［Ak. VII, 161］『カント全集』第十五巻、七三頁。

（9）「純粋理性の誤謬推理について」、Cassirer III, p. 272 *sq.*［Ak. III, 262 *sq.*; B399 *sq.*］『カン

ト全集』第五巻『純粋理性批判　中』、有福孝岳訳、五二頁以下。
（10）「観念論に対する論駁」、*ibid.*, p. 200〈Ak. III, 190 ; B 275〉『カント全集』第四巻『純粋理性批判　上』、有福孝岳訳、三三二頁以下。
（11）*Anthropologie*, p. 118〈Ak. VII, 161〉『カント全集』第十五巻、七三頁。
（12）Fichte, *Zweite Einleitung in die Wissenschaftslehre*, 1797（*Sämmtliche Werke*, Berlin, 1845/46 I, p. 457 *sq.*）『フィヒテ全集』第七巻『知識学への第二序論』、鈴木琢真訳、哲書房、一九九九。
（13）*Anthropologie*, p. 264 *sq.* [Ak. VII, 397 *sq.*] 理想社版『カント全集』第十四巻『人間学』、山下太郎・坂部恵訳、一九六六、三四〇頁以下。
（14）*Die Metaphysik der Sitten*, Cassirer VII, p. 80 *sq.* [Ak. VI, 277 *sq.*]『カント全集』第十一巻『人倫の形而上学』、樽井正義・池尾恭一訳、一〇九頁以下。
（15）一七九七年七月十日の手紙、Cassirer X, p. 314-316,〈Ak. XII, 181-183〉『カント全集』第二二巻、三二六〜三二九頁。
（16）*Anthropologie*, p. 237 *sq.*〈Ak, VII, 303 *sq.*〉『カント全集』第十五巻、二八二頁以下。
（17）[*Makrobiotik oder die Kunst das menschliche Leben zu verlängern*,] Iena, 1796.
（18）Cf. ハインロート、ライル、さらにまもなくホフバウアー。
（19）フーフェラントからカントへの手紙、Cassirer X, p. 294-295〈Ak. XII, 136-137〉.
（20）フーフェラントからカントへの手紙、*Ibid.*, p. 294〈Ak. XII, 136〉.
（21）カントからフーフェラントへの手紙、Cassirer X, p. 299.〈Ak. XII, 148-149〉『カント全集』第二二巻、三〇五〜三〇六頁。

(22) カントからフーフェラントへの手紙、Cassirer X, p. 299.〈Ak. XII, 148-149〉『カント全集』第二二巻、三〇五〜三〇六頁。
(23) 一七九八年二月六日のフーフェラント宛の手紙、Cassirer X, p. 340 [Ak. XII, 232]『カント全集』第二二巻、三六六頁。
(24) Cf. 一七九八年五月九日のニコローヴィウス宛の手紙、Cassirer X, p. 345 [Ak. XII, 243-244]『カント全集』第二二巻、三七二〜三七四頁。
(25) *Der Streit der Facultäten*, Cassirer VII, p. 412-414〈Ak. VII, 99-100〉『カント全集』第十八巻『諸学部の争い』、角忍・竹山重光訳、一三四頁。
(26) *Ibid.*, p. 427〈Ak. VII, 112〉『カント全集』第十八巻、一五〇〜一五一頁。
(27) 第一のものは「呼吸に関する決意 Vorsatz im Atemziehen」に、第二のものは「唇を閉じて呼吸するという習慣 Angewohnheit des Atemziehens mit geschlossenen Lippen」にあてられている。『諸学部の争い』第三部、第五・六節参照。[Ak. VII, 110-112]『カント全集』第十八巻、一四七〜一五〇頁。
(28) *Kants Schriften*, Ak. XV, 660.
(29) *Ibid.*, 801『カント全集』第十五巻、四二八頁。

4　使用＝慣用の地平

(1) *Kants Schriften*, Ak. XV, 659-660.
(2) Cf. *Anthropologie*, Préface, p. 83-84〈Ak. VII, 119-120〉『カント全集』第十五巻、十一〜十三頁。

(3) *Kants Schriften*, Ak. XV, 659-660.

(4) *Anthropologie*, Préface, p. 83-84〈Ak. VII, 119-120〉『カント全集』第十五巻、十一〜十三頁。

(5) *Kants Schriften*, Ak. XV, 660.

(6) *Anthropologie*, p. 84〈Ak. VII, 119-120〉『カント全集』第十五巻、十一〜十二頁。

(7) *Ibid.* 同右。

(8) *Ibid.*, p. 108〈Ak. VII, 149-150〉『カント全集』第十五巻、五六頁。

(9) *Kants Schriften*, Ak. XV, 799『カント全集』第十五巻、四二七頁。

(10) *Anthropologie*, p. 83〈Ak. VII, 119-120〉『カント全集』第十五巻、十二頁。

(11) *Ibid.*, Préface, p. 83〈Ak. VII, 119〉『カント全集』第十五巻、十一〜十二頁。

5　心と精神――カント哲学の本源的事実

(1) *Kants Schriften*, Ak. XV, 659.

(2) *Anthropologie*, p. 83-84〈Ak. VII, 120〉『カント全集』第十五巻、十二頁。

(3) *Kritik der Urteilskraft*, Cassirer V, p. 225〈Ak. V, 177〉『カント全集』第九巻『判断力批判 下』、牧野英二訳、二五二〜二五三頁。

(4) *Anthropologie*, p. 95-96 et note〈Ak. VII, 135 et note〉『カント全集』第十五巻、三三〜三五頁および注。

(5) *Anthropologie*, p. 101 *sq.*〈Ak. VII, 141-142〉『カント全集』第十五巻、四三頁以下。

(6) *Kritik der reinen Vernunft*, Cassirer III, p. 276〈Ak. III, 265；A 345-346/B 403-404〉『カン

ト全集』第五巻、五五〜五六頁。

（7）*Kritik der reinen Vernunft*, Cassirer III, p. 277〈Ak. III, 266；A 347/B 405〉『カント全集』第五巻、五七頁。

（8）*Ibid.*, p. 286〈Ak. III, 275；B 421〉『カント全集』第五巻、一一六頁。

（9）*Anthropologie*, p. 172〈Ak. VII, 225〉『カント全集』第十五巻、一六七頁。

（10）*Ibid.*, p. 172〈Ak. VII, 225〉『カント全集』第十五巻、一六七頁。

（11）*Ibid.*, p. 172〈Ak. VII, 225〉『カント全集』第十五巻、一六七頁。

（12）*Ibid.*, p. 191〈Ak. VII, 246〉『カント全集』第十五巻、一九八頁。

（13）*Erste Einleitung in die Kritik der Urteilskraft*, Cassirer V, p. 187–189〈Ak. XX, 205–208〉『カント全集』第九巻「判断力批判への第一序論」牧野英二訳、二〇四〜二〇六頁。

（14）*Kritik der reinen Vernunft*, Cassirer III, p. 264〈Ak. III, 254；A 327/B 383〉『カント全集』第五巻、三二八頁。

（15）*Ibid.*, p. 459〈Ak. III, 445；A 674/B 702〉『カント全集』第五巻、三五一頁。

（16）*Ibid.*, p. 457〈Ak. III, 443；A 670-671/B 698-699〉『カント全集』第五巻、三四七〜三四九頁。

（17）*Ibid.*, p. 461〈Ak. III, 446-447；A 677-678/B 705-706〉『カント全集』第五巻、三五三〜三五四頁。

（18）*Ibid.*, p. 461〈Ak. III, 447；A 677/B 705〉『カント全集』第五巻、三五三頁。

（19）*Anthropologie*, Préface, p. 83〈Ak. VII, 119〉『カント全集』第十五巻、十二頁。

（20）*Kritik der reinen Vernunft*, Cassirer III, p. 456 et p. 536〈Ak. III, 442 ; A 669/B 697 et Ak. III, 518 ; A 797/B 825〉『カント全集』第五巻、三四六〜三四七頁、および第六巻『純粋理性批判 下』、有福孝岳訳、八三頁。

（21）*Ibid.*, p. 536 [Ak. III, 518 ; A 797/B 825]『カント全集』第六巻、八三頁。

（22）*Ibid.*, p. 456〈Ak. III, 442 ; B 697〉『カント全集』第五巻、三四六〜三四七頁。

（23）*Ibid.* 同右。

6　鏡のなかの反復――『純粋理性批判』と『人間学』

（1）*Kants Schriften*, Ak. XV, 661.

（2）*Anthropologie*, p. 97〈Ak. VII, 136〉『カント全集』第十五巻、三七頁。

（3）*Ibid.*, p. 129-130〈Ak. VII, 174-175〉『カント全集』第十五巻、九三〜九四頁。

（4）*Ibid.*, p. 116-117〈Ak. VII, 159〉『カント全集』第十五巻、七一頁。

（5）*Ibid.*, p. 119-121〈Ak. VII, 162-165〉『カント全集』第十五巻、七五〜八〇頁。

（6）*Ibid.*, p. 90-92〈Ak. VII, 128-129〉『カント全集』第十五巻、二五〜二八頁。

（7）*Ibid.*, p. 108〈Ak. VII, 149-150〉『カント全集』第十五巻、五六〜五七頁。

（8）*Ibid.*, p. 152-168〈Ak. VII, 202-220〉『カント全集』第十五巻、一三三〜一六〇頁。

7　源泉・領域・限界――超越論哲学への通路

（1）*Logik*, Cassirer VIII, p. 343-344〈Ak. IX, 24-25〉『カント全集』第十七巻『論理学』、湯浅正

彦・井上義彦訳、三四〜三五頁。

（2）*Logik*, Cassirer VIII, p. 350〈Ak. IX, 33〉『カント全集』第十七巻、四六頁。

（3）*Opus postumum*, *Kants Schriften*, Ak. XXI, 27.

（4）*Ibid.*, 27.

（5）*Ibid.*, 29.

（6）*Ibid.*, 27.

（7）*Ibid.*, 29.

（8）*Ibid.*, 31.

（9）*Ibid.*, 27.

（10）*Ibid.*, 38.

（11）*Ibid.*, 63.

（12）*Ibid.*, 22.

（13）*Ibid.*, 36.

（14）*Ibid.*, 30.

（15）*Ibid.*, 30.

（16）*Ibid.*, 21.

（17）*Logik*, Cassirer VIII, p. 344〈Ak. IX, 25〉. ［編者も原著で指摘するように、フーコーは引用文のうち「すべての知の可能かつ有用な使用の領域」とあるところ、「有用な nützlich」ではなく、「自然な natürlich」と記しているが、ここではカントの文章に即して引用文を訂正した。］『カント全集』第一七巻、三五頁。

（18）*Opus postumum, Kants Schriften*, Ak. XXI, 7.

（19）*Ibid.*, 61.

（20）*Ibid.*, 38.

（21）*Ibid.*, 39.

8　体系的、大衆的

（1）*Anthropologie*, p. 103 *sq.* 〈Ak. VII, 143-146〉『カント全集』第十五巻、四七〜五二頁。

（2）Cf. *Ibid.*, p. 91, 94, 137, 157, 159, 172, 191 *sq.* 〈Ak. VII, 130, 132, 184, 207, 210, 225, 246 *sq.*〉『カント全集』第十五巻、二七、三一、一〇七〜八、一四〇、一四五、一六七、一九八以下の各頁を参照。

（3）*Ibid.*, p. 110-111 〈Ak. VII, 151-152〉『カント全集』第十五巻、五九〜六二頁。

（4）*Ibid.*, Préface, p. 85 〈Ak. VII, 121〉『カント全集』第十五巻、一五頁。

（5）*Logik*, Cassirer VIII, p. 362-363 〈Ak. IX, 47-48〉『カント全集』第十七巻、六五〜六七頁。

（6）*Ibid.*, p. 362 〈Ak. IX, 47〉『カント全集』第十七巻、六五〜六六頁。

（7）*Ibid.*, p. 363 〈Ak. IX, 47-48〉『カント全集』第十七巻、六六〜六七頁。

（8）*Ibid.* 〈Ak. IX, 47-48〉『カント全集』第十七巻、六六〜六七頁。

（9）*Ibid.*, p. 363 〈Ak. IX, 47〉『カント全集』第十七巻、六六頁。

（10）*Anthropologie*, Préface, p. 83 〈Ak. VII, 119〉『カント全集』第十五巻、十一〜十二頁。

(11) *Anthropologie*, p. 152 *sq.*〈Ak. VII, 202 *sq.*〉『カント全集』第十五巻、一三三頁以下。
(12) *Ibid.*, p. 149〈Ak. VII, 198〉『カント全集』第十五巻、一二七頁。
(13) *Ibid.*, p. 180〈Ak. VII, 234〉『カント全集』第十五巻、一八〇頁。
(14) *Ibid.*, p. 214〈Ak. VII, 274〉『カント全集』第十五巻、二三九頁。
(15) *Ibid.*, p. 92〈Ak. VII, 130-131〉『カント全集』第十五巻、二八～二九頁。
(16) *Ibid.*, p. 190〈Ak. VII, 245-246〉『カント全集』第十五巻、一九六～一九八頁。
(17) *Ibid.*, p. 193 *sq.*〈Ak. VII, 249-250〉『カント全集』第十五巻、二〇二～二〇四頁。
(18) Cf. *Ibid.*, p. 172 et p. 109, note〈Ak. VII, 225, 150-151 note〉『カント全集』第十五巻、一六七～一六八頁、および五八～五九頁原注。
(19) *Ibid.*, Préface, p. 84, note〈Ak. VII, 120-121 note〉『カント全集』第十五巻、十三頁、原注。
(20) *Kritik der reinen Vernunft*, Cassirer III, p. 255-256〈Ak. III, 245 ; A 312/B 368-369〉『カント全集』第五巻、二一七頁。
(21) *Ibid.*, p. 275 note, 1〈Ak. III, 256 ; A 345/B 403 note〉『カント全集』第五巻、五五頁、原注。
(22) *Anthropologie*, p. 106〈Ak. VII, 146-147〉『カント全集』第十五巻、五二～五三頁。
(23) *Ibid.*, p. 163-164〈Ak. VII, 214-216〉『カント全集』第十五巻、一五二～一五三頁。
(24) *Ibid.*, p. 162〈Ak. VII, 213〉『カント全集』第十五巻、一五〇頁。
(25) *Ibid.*, p. 140〈Ak. VII, 187-188〉『カント全集』第十五巻、一一二～一一三頁。
(26) *Ibid.*, p. 191 *sq.*〈Ak. VII, 246 *sq.*〉『カント全集』第十五巻、一九八頁以下。
(27) *Ibid.*, p. 139, note〈Ak. VII, 187, note〉『カント全集』第十五巻、一一一頁、原注。

（28）この「趣味の良い饗宴」の規則は、*Anthropologie*, p. 219 *sq.* に示されている。〈Ak. VII, 280 *sq.*〉『カント全集』第十五巻、二四九頁以下。

（29）本書六三頁参照。

9 『人間学』の位置

（1）『人倫の形而上学の基礎づけ』のあるテクストでは、このことがすでに予感されているように思われる。そこで人間学は、経験的な領域において自然学と均衡を保つものとされる一方で、倫理学によって統整されると言われている。そこで問題になっているのは、実用的な人間学のみであり、自然の領域に属すはずの「生理学的」な人間学には、なんの言及もない（序文）。［原注でフーコーは『人倫の形而上学の基礎づけ』ではなく、『実践理性批判』に参照を求めているが、明らかな誤りなので訂正する。『人倫の形而上学の基礎づけ』の「序文」は『カント全集』第七巻、平田俊博訳、六〜七頁を参照。］

（2）Nietzsche, *Par delà bien et mal*〈「ケーニヒスベルクの偉大な中国人とても、一個の偉大な批判家にすぎなかったのだ」〉。［『ニーチェ全集』第十一巻、二〇八頁参照。］

10 人間学的錯覚と二〇世紀の哲学

（1）プラトナーは第一巻五七頁でカントを参照している。〈*Neue Anthropologie für Aerzte und Weltweise. Mit besonderer Rücksicht auf Physiologie, Pathologie, Moralphilosophie und Aesthetik*, Leipzig, 1790〉.

（2）［J. Köllner, « Prüfung der neuesten Bemühungen und Untersuchungen in der Bestimmung der organischen Kräfte nach Grundsätzen der kritischen Philosophie »］In *Archiv für die Physiologie*, 1797, t. II, p. 240 *sq.*

（3）書き込みはアカデミー版第十五巻に収められている。

（4）バウムガルテンの著作の各節は以下の通り。第一節「霊魂の存在 Existentia animae」、第二節「下位の認識能力 Facultas cognitiva inferior」、第三節「諸感覚（内的、外的）Sensus（interni, externi）」、第四節「想像力 Phantasia」、第五節「洞察力 Perspicacia」、第六節「記憶 Memoria」、第七節「創作の能力 Facultas fingendi」、第八節「予見 Praevisio」、第九節「判断力 Judicium」、第十節「予知 Praesagitio」、第十一節「記号使用の能力 Facultas characteristica」、第十二節「知性 Intellectus」、第十三節「理性 Ratio」、第十四節「無関心 Indifferentia」、第十五節「快と不快 Voluptas et taedium」、第十六節「欲求の能力 Facultas appetitiva」。

（5）Cf. Wolff, *Philosophia rationalis, sive Logica*（Francfort et Leipzig, 1728）［Discursus praeliminaris de philosophia in genere］.

（6）Baumgarten, *Psychologia empirica*, § 530, *in Kants Schriften*, Ak. XV, 11.

（7）*Anthropologie*, p. 98〈Ak. VII, 138〉『カント全集』第十五巻、四〇頁。

（8）Baumgarten, *Psychologia empirica*, § 616, *in Kants Schriften*, Ak. XV, 31.

（9）*Anthropologie*, p. 140〈Ak. VII, 187〉『カント全集』第十五巻、一一一〜一一四頁。

（10）*Ibid.*, Préface, p. 85〈Ak. VII, 121〉『カント全集』第十五巻、十四頁。

（11）Schmid, *Empirische Psychologie*, I, p. 129-138.

（12）*Ibid.*, p. 11.

（13）本書八四頁以下参照。

（14）Cf. 例えば、J. G. Berger, *Physiologia medica*, Francfort, 1737 に序文として付された F. C. Cregut, *Dissertatio de Anthropologia* では、人間学は「人間についての説教 sermonem de homine」として定義されている（頁番号なし、フォリオ1と2）。

（15）Wolff, *Logica*, § 84, p. 37.

（16）本書八九頁参照。

（17）Wolff, *Logica*, § 84, p. 37.

（18）*Ibid.*

（19）Platner, *Anthropologie für Ärzte und Weltweise*, p. xvii.

（20）Tetens, *Philosophische Versuche über die menschliche Natur und ihre Entwickelung*, Leipzig, 1777. 2 Bde.（Vorrede, p. iv）.

（21）Loder, *Anfangsgründe der medizinischen Anthropologie und der Staats-Arzneikunde*（Weimar, 1793）.

（22）Lacretelle, *De l'établissement des connaissances humaines*（Paris, 1792, p. 52）.

（23）Ith, *Versuch einer Anthropologie*, Bern, 1795, I, p. 78-79. Cf. aussi Voss, *Grundriß einer vorbereitenden Anthropologie*（Halle, 1791）.

訳注

i　訳注の作成にあたっては典拠を断らなかったが、岩波書店版『カント全集』の訳注、有福孝岳・坂部恵編『カント事典』(弘文堂、一九九七)、木田元ほか編『現象学事典』(弘文堂、一九九四)などを参照させていただいた。

ii　言及される外国語文献のうち、邦訳があるものについては原著の書誌情報の記載を省略した。

iii　一般に、引用文については既訳を参考に、必要に応じて文言の変更を加えている。

iv　カント『実用的見地における人間学』からの引用は、本書の底本に収められているフーコーの仏訳から重訳したうえで、この仏訳(*Anthropologie* と略記)と岩波版『カント全集』の参照箇所を併記した。

編者前書き

＊　**フーコーの副論文**　フーコーは文学博士号取得のために、この副論文と主論文『狂気と非理性』(『狂気の歴史』の原題、プロン社刊、一九六一)をソルボンヌ大学に提出し、一九六一年五月二〇日に審査を受けた。なお、この博士号は「国家博士号」と呼ばれ、大学(助)教授の資格を与えるもので、現行の課程博士号とは異なる。

＊　**ニコローヴィウス書店**　一七九〇年から一八一八年までケーニヒスベルクで出版と書籍販売に

携わった書店。カントは『人間学』をこの書店から刊行した。

＊**短い序文**　『ミシェル・フーコー思考集成』第二巻「書誌略述――カントの『人間学』」、慎改康之訳、九～十六頁。

＊**『精神現象学』に捧げた大著**　『ヘーゲル精神現象学の生成と構造』（原著一九四六）のこと。Jean Hyppolite（一九〇七～一九六八）はソルボンヌ大学やコレージュ・ド・フランスの教授、高等師範学校校長を務めた哲学者。フーコーは高等師範学校の入学試験準備のためにパリに上った際、準備学級の哲学教師だったイポリットに出会っている。

＊**注のなかで告知…**　「批判的思考と人間学的考察の諸関係については、後の作品において考察されることになろう」（前掲「書誌略述」、十六頁）。

1　『人間学』の日付

＊**シュタルケ**　Friedrich Christian Starke は、ライプツィヒの在野の学者 Johann Adam Bergk（一七六九～一八三四）のペンネーム。

＊**没後二七年**　原文には「没後三五年」とあるが、史実に即して訂正する。

＊**「知的な快と不快について」と題された章**　この一節は、「一冊目の講義録」である『人間知と世界知についての助言 *Anweisung zur Menschen- und Weltkenntnis*』でシュタルケによってなされた『カントの人間論あるいは哲学的人間学 *Kants Menschenkunde oder philosophische Anthropologie*』「二冊目の講義録」にの予告にもとづいているが、その予告は虚偽広告だったらしく、実際には「知的な快と不快について」という章題も、それに対応する議論もなかった。

＊　初期の探究が終わり、批判が始まり…　ここで念頭に置かれているのは、カントの生涯と学説に認められる一七七〇年代末までの「前批判期」、一七八〇年代の「批判期」、それに続く一七九〇年代以降の「批判期後」の三つの時期である。「批判」については巻末のカント基本用語集を参照のこと。

カントの思想の「三部からなる均衡」とは、『純粋理性批判』（一七八一）、『実践理性批判』（一七八八）、『判断力批判』（一七九〇）の三批判書の相互関係を指す。『判断力批判』序論では、その関係は次のように定義されている。『純粋理性批判』が対象とする知性は、感覚の対象としての自然に対してア・プリオリな立法者であり、自然の理論的認識を成立させる。『実践理性批判』が対象とする理性は、主観における超感性的なものとしての自由に対するア・プリオリな立法者であり、実践に関する無条件な認識を成立させる。以上、自然と自由の領域は互いに干渉しうるとはいえ完全に分離されている。自由は普遍的な道徳法則のもとで究極目的を目指すもので、この究極目的は自然界に実在しなければならない。この究極目的のあらわれを認識させる能力こそ判断力であり、判断力は実践的なものを度外視して自然を観照する人間に、自然と自由の二つの領域を媒介する自然の合目的性の概念を与えるという（『カント全集』第八巻、牧野英二訳、四八～四九頁参照）。

「批判期後」についてフーコーが念頭に置いているのは、批判哲学によって引き起こされた様々な異論に対するカントの応接である。その際、カントの主要な論敵として想定されているのが、カント的な批判はすでにライプニッツによって先取りされているとしたエーベルハルト（Johann August Eberhard　一七三九～一八〇九）、カントが「統覚」や「表象能力」を前提していることを懐疑主義の立場から批判したシュルツェ（Gottlob Ernst Schulze 一七六一～一八三三）、そして『純粋理性批判』が対象とする知性と『実践理性批判』が対象とする理性の統合を図ったフィヒテ（Johann Gottlieb Fichte 一七六二～一八一四）である。このうちフィヒテについては、第3章訳注「フィヒテが指摘したような主観の分裂」も参照。

＊ **すでに一七七二年から『批判』の基底に…** 前批判期にあたる一七七二年から講義が始まり、批判期を通じて継続されて、批判期後の一七九八年に出版されるカントの人間学的考察は、批判的思考とどんな関係を持つのか、つまりカントにおいて経験的な水準の人間認識と、経験の可能性の条件の探究（さらにそれが準備する「超越論哲学」）はどんな関係を持つのか。フーコーが本書で立てるのはこの問いである。そこには、『言葉と物』における「経験的=超越論的二重体」としての「人間」概念の再検討が先取りされている。

＊ **『批判』は哲学の「予備学」** カントは純粋理性批判を「純粋理性の体系のための予備学」と見なしていた（『カント全集』第四巻、八七頁参照）。この「純粋理性の体系」を何と考えるかは、二〇世紀前半のカント解釈上の一つの争点だった。新カント学派が純粋理性批判を数学と自然科学の予備学と位置づけたのに対し、ハイデガー（Martin Heidegger 一八八九～一九七六）はそれを存在論の予備学と見なしたからである。フーコーは本書で、とりわけハイデガーの『カントと形而上学の問題』（原著一九二九、『ハイデッガー全集』第三巻、門脇卓爾、ハルトムート・ブフナー訳、創文社、二〇〇三――以下、『カント書』と略記）を参照しながら議論を展開している。この点については、訳者解説も参照のこと。

ハイデガーは『カント書』のなかで、カントの『純粋理性批判』を形而上学の根拠づけの書として位置づけ、それがカントの『論理学』で提出された「人間とは何か」という「哲学的人間学」の問いを通路として、さらにその問いを超え出て、「基礎的存在論」への手がかりとなるという構図を描いている。その際、ハイデガーは『純粋理性批判』第一版の想像力論に注目し、感性と知性を媒介する想像力こそが主観の認識能力の統一にとって最重要の役割を果たすとする。その議論は、統覚（「我惟う」）の自己触発が時間ともつ根源的な関係に着目し、そこに有限な自己の「存在」に向けた超越の契機を見るハイデガーのカント論の中心的なテーゼを支えるものだった。だからこそ、ハイデガーはまた想像力論が改訂される『純粋理性批判』第二版以降については、カントの「退却」を指摘する。それに対してフーコーは、ハイデガーのカント読解の中心的テーゼを受け継ぎながら、その議論の構図には微妙だが重要な修正とひねりを加えている。本書は、批判哲学が『人間学』によって経験的な次元で反転されながら反復され、その反転＝反復を通路として、批判期後の『オプス・ポストゥムム』におけるカント自身による「超越論哲学」の試みに到達するという展望を示すからである。その結果、フーコーの『人間学』読解は、想像力、内感、図式といった一連の概念について、ハイデガーの『純粋理性批判』読解とは裏腹な見解を示すことになる。

＊ **バウムガルテン** Alexander Gottlieb Baumgarten（一七一四〜六二）はドイツの学校哲学で支配的だったライプニッツ＝ヴォルフ学派の哲学者。フランクフルト・アン・デア・オーダーの哲学教授。一般に、近代美学の創始者と目される。「経験的心理学 Psychologia empirica」は、一七三九年刊『形而上学 *Metaphysica*』所収。カントは長年にわたって、この『形而上学』を講義の教科書として使用していた。本書一四二頁以下、および第10章訳注「バウムガルテンの『経験的心理

学』（一七三九）」も参照のこと。

＊ **シュミット** Carl Christian Erhard Schmid（一七六一〜一八一二）はイエナの哲学教授。一七八六年刊の『講義のための純粋理性批判の綱要ならびにカント著作をより容易に用いるための辞典 *Kritik der reinen Vernunft im Grundrisse zu Vorlesungen nebst einem Wörterbuche zum leichtern Gebrauch der Kantischen Schriften*』は、カント哲学を基礎とする最初の倫理学体系だった。

＊ **イート** Johann Samuel Ith（一七四七〜一八一三）はスイス・ベルンの哲学者。神学を修めた後、ゲッティンゲンとベルリンに留学した一七七〇年代からカントの著作に親しんだ。

＊ **生成的展望と構造的方法** 「編者前書き」八頁参照。

＊ **『オプス・ポストゥムム』** 『オプス・ポストゥムム *Opus postumum*』とは「遺作」を意味するラテン語で、一七八六年から一八〇四年にかけてカントが書きついだ一連の草稿の通称。本書第7章で議論の対象になる。なお、「超越論的」「超越論哲学」についてはカント用語集参照。

＊ **フーフェラント** Christoph Wilhelm Hufeland（一七六二〜一八三六）。ドイツの医師。イエナやベルリンの医学教授。カントに贈った『マクロビオティック』は日常医療の観点から一般向けに書かれた著作で、日本でも江戸時代からその一部がオランダ語からの重訳で知られていたらしい。

＊ **ビースター** Johann Erich Biester（一七四九〜一八一六）はプロイセンの国務大臣ツェードリッツの秘書官。一七八四年からはベルリンの王立図書館司書を務めるかたわら、『ベルリン月報 Berlinische Monatsschrift』を発行した。この雑誌でなされた問題提起に答えてカントが執筆したのが、『啓蒙とは何か』（一七八四）である。

＊ **ティーフトルンク** Johann Heinrich Tieftrunk（一七五九〜一八三七）。ハレの哲学教授。『イマヌ

エル・カント小論文集 *Immanuel Kants vermischte Schriften*』（一七九九）を編纂した。

＊ **ゲンジヘン教授** Johann Friedrich Gensichen（一七五九〜一八〇七）。ケーニヒスベルクに学び、当地で数学の員外教授を務める。カントの若い友人で、カントから蔵書を相続した。

＊ **シェーンデルファー、アルブレヒト・ハラー、レス博士** Otto Schöndörffer はカッシーラー版カント全集第八巻編纂者。Albrecht Haller（一七〇八〜七七）はスイス・ベルン出身で、全ヨーロッパ的な名声を博した医師・博物学者・詩人。ベルンやゲッティンゲンの医学・解剖学教授を務めた。Gottfried Leß（一七三六〜九六）はゲッティンゲンの神学教授だった。ただし、ハラーとレスが同時期にゲッティンゲンで教授職についていたことはなかったらしい。

＊ **一七九六年に亡くなっている** 原著に「一七九七年」とあるのは誤り。

＊ **一七九七年四月十九日付の手紙** 原著に「四月十七日」とあるのは誤り。

＊ **七三歳の誕生日を目前にしていたが** 原著に「迎えたばかりだった」とあるのは誤り。

＊ ハーン 第1章原注（22）を参照のこと。

2 前批判期とのかかわり

＊ **『感性界と知性界についての論考』** 岩波版全集では『可感界と可想界の形式と原理』（第三巻所収）。ここではフーコーの仏訳「*Dissertation sur le monde sensible et intelligible*」に即した。

＊ **コペルニクス的転回** カントは『純粋理性批判』で、批判のもたらす転換をコペルニクスの天動説から地動説への転換になぞらえている。批判は、主観の持つ認識が対象に属する性質にしたがって規定されると考える伝統的な立場を退けて、むしろ主観の側に対象を規定するア・プリオ

リな概念があって、対象の認識はその概念にしたがって構成されると考えるからである（『カント全集』第四巻、三三〜三五頁参照）。

＊ **ロジェ・ケンプ** Roger Kempf（一九二七〜）。カントの仏訳者のひとり。後年、文学論と風俗論を交えた独特の批評家となる。代表作にボードレール論『ダンディ *Dandies*』（一九七七）。

＊ **胆汁質** カントの原語は「Cholerische」、フーコーの訳語は「colérique」。ともに現代語では「怒りっぽい性格」を意味する。岩波版全集では「お山の大将」。

＊ **『心の病についての試論』** 岩波版全集では『脳病試論』。フーコーの仏訳は「*Essai sur les maladies de l'esprit*」。第5章における「心 Gemüt」と「精神 Geist」の対比を念頭に標記のとおり訳出した。

＊ **「愚かさ Torheit」と「阿呆 Narrheit」の区別** 『心の病についての試論』では、理性的だが激情によって理性を拘束されてしまう者が「愚か」、高慢と貪欲に導かれて理性そのものが損なわれた者が「阿呆」。『人間学』では「愚か」とは「無価値な目的のために価値のあるものを犠牲にしてしまうこと」、「阿呆」は、「周りを侮辱する」ようなタイプの「愚かさ」。ちなみに『狂気の歴史』第一部第一章「阿呆船」に相当するドイツ語は Narrschiff である。

＊ **「無能力 Ohnmacht」の病と「混乱 Verkehrtheit」の病の分類** 『心の病についての試論』には「無能力の病気は一般に精神薄弱と呼ばれ、混乱の病気は錯乱した心と呼ばれる」とある。

＊ **「これらおぞましい病 diese ekelhaften Krankheiten」** 『心の病についての試論』で「これらおぞましい病」として指示されているのは、「馬鹿」「幼稚さ」「愚かさ」をはじめとする「軽い症状」よりも、「精神薄弱」から「癲狂」まで、それぞれ段階を異にする心の病の全般である。

＊**「惑乱 Verrückung」** 岩波版全集では「乱心」。感性の次元の「混乱」であり、想像によって、「現実には存在していないものをはっきりと感覚したと思い込んでしまうのが習慣となっているような」症状。心気症《ヒポコンデリー》とは一般に、心理的な要因から身体上の疾患をいっそう重くわずらう病。本書五三頁も参照のこと。

＊**「妄想 Wahnsinn」** 岩波版全集では「狂気」。知性の次元での「混乱」であり、「経験にもとづいて日常的判断を下す場合でも、常識の規則に反している」ような症状。その例としては、周囲の対応について誤った判断を下して被害者意識を募らせる場合などが挙げられる。

＊**「錯乱 Wahnwitz」** 岩波版全集では「精神錯乱」。理性の次元での「混乱」で、「一般的概念に関して想像にもとづいてかなり繊細な判断を下すときに理性が馬鹿げた仕方で誤謬におちいる」ような症状。例としては「海の広さを発見したり、予言を解釈したり」するような場合が挙げられる。

＊**「狂気 Verrückung」** フーコーの訳語は folie (*Anthropologie*, p. 163) あるいは aliénation (*Ibid.*, p. 19)、岩波版全集では「精神異常」。『心の病についての試論』では「無能力」と「混乱」の二種類の心の病のうち、後者のひとつだった「Verrückung 惑乱」が、『人間学』では心の病の総称となることに注意。『人間学』において、この「狂気」は「もっとも深刻で、しかもその本性自体に起因する人間性の劣化」とされる。

＊**ソヴァージュやリンネ** François Boissier de Sauvages de Lacroix（一七〇六～六七）はモンペリエの医学教授。疾病の分類体系の確立に寄与した人物で、『狂気の歴史』で再三参照されている。Carl von Linné（一七〇七～七八）はスウェーデンの博物学者。今日まで続くラテン語学名による

生物の命名体系（二名法）の祖である。フーコーは『言葉と物』で、古典主義時代の博物学におけるエピステーメーの分析を、リンネを主要な対象として展開している。

＊**「乱心 amentia」、「妄想 dementia」、「錯乱 insania」、「妄執 vesania」** 以上ラテン語で示された四つの「狂気」の分類について、『人間学』は次のように述べている。

「乱心 amentia」は、ドイツ語 Unsinnigkeit と同義（岩波版全集ではドイツ語は「狂乱」、ラテン語は「無精神」）。「諸表象のあいだに、経験の可能性のために必要とされる関係をつけることのできない無能力」。この種の狂気は「無秩序」であり、例としては「瘋狂院」（フーコーの仏訳は maison des fous）の女性患者の支離滅裂なおしゃべりが挙げられる。

「妄想 dementia」は、ドイツ語 Wahnsinn と同義（岩波版全集ではドイツ語は「狂想」、ラテン語は「精神麻痺」）。「話すことはすべて経験の可能性のための法則に形式的にはかなっているのに、あやまった想像力が造りだした表象を知覚ととりちがえてしまう」「心の乱れ」。この種の狂気は「首尾一貫して」おり、例としては他人のあらゆるふるまいに自分への敵意を見いだすような人物の被迫害妄想が挙げられる。

「錯乱 insania」は、ドイツ語 Wahnwitz と同義。（岩波版全集ではドイツ語は「錯乱」、ラテン語は「精神錯乱」）。「類比にとらわれて、それを似通った事物の概念と混同するような（…）判断力の乱れ」。この種の狂気は「首尾一貫して」いるが、そのあらわれは間歇的・断片的である。例としては些事からたいそうな理屈を引き出すような人物の誇大な想像が挙げられる。

「妄執 vesania」は、ドイツ語 Aberwitz と同義。（岩波版全集ではドイツ語は「気違い」、ラテン語は「常軌逸脱」）。「乱れた理性」の陥る病的な状態で、狂人は「経験の礎石をまったく度外視できるような原理を追い求め、理解不能なものを理解したと悦に入る」。この種の狂気は「体系的」で、その例としては永久機関を発明したとか、三位一体の神秘を把握したとか称する場合が挙げられる。

＊ **モスカティ…のテクスト**　Pietro Moscati（一七三九／四〇〜一八二四）は、イタリア・パヴィアの解剖学教授。その著書の独訳 *Von dem körperlichen wesentlichen Unterschiede zwischen der Struktur der Tiere und Menschen* についてのカントの書評は、『ケーニヒスベルク学術政治新聞 *Königsbergsche Gelehrte und Politische Zeitungen*』第六七号に掲載された（岩波版全集第三巻所収）。

＊ **ギルタナーの近著…に参照を求めている**　*Anthropologie*, p. 252『カント全集』第十五巻、三一〇頁。Christoph Girtanner（一七六〇〜一八〇〇）はザクセン・マイニンゲン公国枢密顧問官。« Über das kantische Prinzip für die Naturgeschichte » は一七九六年に公刊された。

＊ **「世界知 Weltkenntnis」**　「世間知」とも訳される表現。以下のカントとフーコーの議論ではつねに「世界」と「世間」の両方の意味合いが重ねあわされている。実際、この「世界知」は「学校を卒業した後に習得しなければならないもの」でもある（*Anthropologie*, p. 83『カント全集』第十五巻、十二頁）。本書第4章も参照のこと。

＊ **実用的**　ドイツ語では pragmatisch。カントの『人間学』は、正式なタイトルを『実用的見地における人間学』という。その序文では、人間学は「生理学的」なものと「実用的」なものに大別され、この「実用性」は人間自身を「世界市民」として認識するところに求められる（*Anthropologie*, p. 83-84『カント全集』第十五巻、十一〜十二頁）。本書第4章も参照のこと。

＊ **あらかじめ人間の居住可能な場として考えられた「地球」**　『人間学』第二部「人類の性格」

では、人間は地球上唯一の理性的な生物として議論されている（*Anthropologie*, p. 252-254『カント全集』第十五巻、三一一〜三一四頁）。またカントの『永遠平和のために』では、世界市民の「訪問の権利」に関して「この地表には居住不可能な部分として海や砂漠があって、この［世界規模の］共同体を分け隔ててはいるけれど、船や駱駝（あの砂漠の船）は、人間たちが主人を持たないこれらの地域を越えて互いに接近し、人類が共通に持っている地球の表面に対する権利を自分たちのあいだの交流のために行使することを可能にしてくれる」とある（『カント全集』第十四巻、二七四頁参照）。

＊ **コスモポリスの理念**　「コスモポリス」とは「宇宙大の、普遍的な政治共同体」。コスモポリティスムは一般に「世界市民主義」。カントの歴史哲学の主要なテーマであるこの理念について、『人間学』は次のように述べている。「人類はおびただしい数の個人からなり（…）、彼らは平和的に共存せずにはいられないが、またたえず互いに対立せずにもいられない。その結果、彼らは自分たち自身が制定する法のもとで互いに強制を加えているうちに、ひとつの同盟に向かうべく自然によってさだめられているのを感じとる。（…）同盟はこうして、コスモポリス的な社会（世界市民主義）の理念をかたちづくる。この理念はそれとして到達できるものではなく、構成的な原理（…）ではないが、統整的な原理ではある（…）」（*Anthropologie*, p. 261『カント全集』第十五巻、三二七〜三二八頁）。

＊3　批判期後とのかかわり

＊ **ベック**　Jacob Sigismund Beck（一七六一〜一八四〇）はダンツィヒ（現ポーランド・グダニスク）

生まれの哲学者。ケーニヒスベルクでカントに学んだ後、ハレとロストックの哲学教授。『原著者自身の推奨によるカント教授批判諸著からの解題付き摘要 *Erläuternder Auszug aus den critischen Schriften des Herrn Prof. Kant auf Anraten desselben*』（一七九三〜一七九六）ほか一連の著作で、カントの批判哲学の普及に努めた。ただし、ベックは『純粋理性批判』が提起する「物自体」の役割を周縁化して、客観は知性による根源的な綜合から生じるとする観念論的な解釈をとった。

＊**「対応づけ Beilegung」**　語源的には「そばに置くこと」。ここでは主観によって規定される表象を表象とは区別される客観に「関係づけること」、「帰すこと」。岩波版全集では「付与」。

＊**主観によって規定…**　「主観」「客観」「表象」についてはカント基本用語集参照。

＊**合成**　原語は Zusammensetzung。ここでは直観の多様をまとめあげる「綜合」とほぼ同義。

＊**客観への関係、多様の綜合、表象の普遍妥当性**　フーコーが念頭においているのは、①認識に際して主観は現象にのみかかわり、物自体（「超越論的客観」）と関係しえない、②認識（表象）は感性的直観を通じて与えられる多様を綜合し、知性が概念にもたらすことで生み出される、③表象が自然科学の法則に見られるような普遍妥当性を持ちうるのは、主観の認識能力にそなわったア・プリオリな形式ゆえである、という『純粋理性批判』の基本構想である。なお、「綜合」についてはカント基本用語集参照。

＊**超越論的**　カント基本用語集参照。

＊**「私自身、…気がしてきました」**　カントのベック宛の手紙には「気が付くのは、私自身も十分には理解していないということです」とある（『カント全集』第二二巻、二四七頁）。

＊**感性と知性の還元不可能性**　「感性」と「知性」についてはカント基本用語集参照。問題の手

紙でベックは、『摘要』に対するシュルツ（Johann Schultz 一七三九～一八〇五）からの批判に答えて、根源的な知性の綜合の働きを語るとしても、感性と知性の区別は揺るがないと主張する（『カント全集』第二二巻、三〇九～三一五頁参照）。

＊ **物自体**　カント基本用語集参照。

＊ **理論的なものと実践的なものの関係**　「私の考えでは人間に許される唯一の事は、自然一般のその基体に対する関係だけです。それはすなわち、人間が道徳性に対する自分の素質において意識している関係、つまり欲求作用が行為の合法則性の単なる表象によって規定されうるという意識において意識している関係です。なぜならこの意識において（…）、人間は自然を超えており、自然のメカニズムの外に立つからです。もっともそうは言ってもやはり、人間は人間として自然物であり、そうである以上人間の道徳性そのものもどこかある時点で始められるものであって、自然原因を前提にしているのです」（『カント全集』第二二巻、三一二頁）。この点についてのカントの所説については、第1章訳注「初期の探究が終わり、批判が始まり…」参照。

＊ **実践哲学と理論哲学のあいだに区別を…**　問題の手紙でベックは、シュルツとカントからの批判は自分とフィヒテの立場を混同するものとしたうえで、「知性はみずからの絶対的自由により至るところに事物を定立する」というフィヒテの主張は、感性と知性のカント的な区分を遵守する自分には受け入れられないことを強調している（『カント全集』第二二巻、三二二～三二五頁参照）。

＊ **短い手紙**　カントよりティーフトルンク宛の一七九七年七月十二日付の手紙（『カント全集』第二二巻、三二九～三三〇頁）参照。

＊ **直観**　カント基本用語集参照。

＊　**そこで問題になっているのは…**　「認識の能力こそがすぐれて（語のもっとも一般的な意味で）知性と呼ばれるべきなら、知性には、対象の直観を生むために与えられた諸表象を把握する力（attentio）と、対象の概念を生むためにこの対象の複数の表象に共通しているものを分離する能力（abstractio）と、対象の認識を生むために反省する能力（reflexio）の三つが含まれていなければならないことがわかるだろう」（*Anthropologie*, p.98-99『カント全集』第一五巻、四〇頁）。

＊　**知性は感性的直観に対立し…**　「心がそれに対して受動的にふるまう表象、すなわち主観が触発される表象は（主観は自分で自分を触発するか客観から触発されるかのいずれかである）感性的認識能力に属し、逆に端的な能動（思考）を含むような表象は知性的認識能力に属する」（*Anthropologie*, p. 100『カント全集』第十五巻、四三頁。また *Ibid.*, p. 101-103 同上、四四〜四七頁のカント自身による補注も参照のこと）。

＊　**想像力**　カント基本用語集参照。ここでフーコーが『人間学』における想像力の地位の低さを指摘していることは、ハイデガーの『カント書』との対比で注目に値する。このハイデガーによる想像力の位置づけについては第1章訳注「『批判』は哲学の『予備学』」を参照。

＊　**ア・プリオリ**　カント基本用語集参照。

＊　**「経験するもの　das Erfahrende」**　岩波版全集では「経験を遂行しているもの」（『カント全集』二二巻、三一〇頁）。

＊　**『批判』が「我惟う」の単純性に帰着させていた統覚**　厳密には、「我惟う」の単純性がそこに帰着するとされていた統覚、とすべきところだろう。実際カントは「純粋理性の誤謬推理」で、合理主義心理学――デカルトを思い起こせばよい――が「我惟う」に実体性・単純性・単一性・

さらに可能的対象との関係性を付与して、それを形而上学の出発点とするのをしりぞけている。カントによれば、「我惟う」とは内感を通じて知られる経験的な命題にすぎず、そこから実在性や単純性を導き出すことはできない。とはいえ、この思惟する「私」は単なる経験的対象ではなく、あらゆるカテゴリーの基底にありながら、それ自体では対象化されることも、経験的対象を持つこともできない思惟のはたらきの統一性を指示している。ここで言う思惟のはたらきの統一を担うのが統覚である（『カント全集』第五巻、五二〜一二五頁参照）。

＊ **『批判』が時間のア・プリオリな形式にしたがって分析していた内感** 「観念論に対する論駁」の該当箇所は以下のとおり。「われわれは一切の時間を、空間における持続的なものに関する外的関係（…）によってのみ規定することができる。それればかりではない。われわれが、実体の概念に直観として対応させるような持続的なものといえば物質だけである。そしてこの持続性すら、外的経験から得られるのではなくて、一切の時間規定の必然的条件としてア・プリオリに前提される、したがってまたわれわれ自身の現実的存在に関する内感の規定としても、外的な物の実際的存在によって前提されるわけである」（『カント全集』第四巻、三二四〜三二五頁参照）。

＊ **内感は…本源的な受動性のしるしとなる** 「内感は純粋統覚、つまり人間が何をしているかの意識ではない。というのも、後者の意識が思考能力に属するのに対して、内感は人間が自分自身の思考の戯れによって触発されているかぎりで感じとっていることの意識だからである」（*Anthropologie*, p. 118『カント全集』第十五巻、七三頁）。なお、内感と統覚の区別は、本書5章でカントにおける人間学と心理学の関係を論じる際にふたたびとりあげられる。

＊ **フィヒテが指摘したような主観の分裂** フィヒテの知識学の目標は、『純粋理性批判』が主要

な対象とする知性（ないし理論理性）と『実践理性批判』が主要な対象とする理性（ないし実践理性）を統合する哲学的体系の構築にあった。その際、カントが意識の様々な規定や能力を前提として議論したのに対して、フィヒテは自我（「私」）が自己自身を措定する活動（「事行」）を根源的なものとして置き、そこから自己意識とその様々な規定・能力を導き出そうとした。

＊ **「私」が「規定する主観 das bestimmende Subjekt」であると同時に…**　フーコーがここで言及する統覚の自己触発に、『カント書』のハイデガーは時間性の根源を見出していた。その際ハイデガーが論拠とするのが、『純粋理性批判』の内感についての議論だった（第三四、三五節）。

＊ **「知性のはたらき Verstandesverfahren」**　ベックの用語。一七九七年六月二〇日の書簡では次のように用いられている。「私はカテゴリーのうちに根源的な知性のはたらきを認めます。この働きが、私の概念の意味と意義といわれるものを構成する綜合的客観的統一を産出します」（『カント全集』第二二巻、三一〇頁）。

＊ **「生理学 Physiologie」**　一般にカントの邦訳では「自然学」と訳される語で、『純粋理性批判』においては、物理学と心理学の上位概念とされる（本書八九頁参照）。しかしフーコー自身、本書一四五頁以下でカントの時代の「自然」概念の動揺に注目して、当時、自然学 Physica が Physique（物理学）と Physiologie（特に身体の学）に分岐しつつあったこと、またヴォルフでは自然学の下位概念だった Physiologie が、カントでは自然学の全領域を覆う概念とされることに注目しているのを踏まえて、本書ではあえて伝統的な用語法との連続性のある「生理学」という訳語を選択した。

＊ **シュッツ**　Christian Gottfried Schütz（一七四七～一八三二）。イエナの修辞学・詩学教授。『一般

学芸新聞 *Allgemeine Literaturzeitung*』の刊行者。

＊ **『法権利の形而上学』** 『人倫の形而上学 *Die Metaphysik der Sitten*』第一部「法論の形而上学的原理 Metaphysische Anfangsgründe der Rechtslehre」のこと。

＊ **妻を殺してもかまわない** フーコーの訳では単に「罰」してよい（*Anthropologie*, p. 239）。邦訳では、「情け容赦なく体罰を加え」てもよい（『カント全集』第十五巻、二八四頁）とある。

＊ **浮気** カントによると「浮気 Galanterie」とは「夫以外の、複数の男性をおおっぴらに愛人にすること」である（*Anthropologie*, p. 239『カント全集』第十五巻、二八四頁）。

＊ **『人間学』の序文で…述べられていた** *Anthropologie*, p. 83『カント全集』第十五巻、十一頁。

＊ **理性** カント基本用語集参照。

＊ **ライルやハインロート** Johann Christian Reil（一七五九～一八一三）はハレおよびベルリンの医学教授。Johann Christian August Heinroth（一七七三～一八四三）はライプツィヒの医学教授。いずれも精神医学の確立に寄与した人物で、『狂気の歴史』でたびたび参照されている。原注（18）のホフバウアー Johann Christoph Hoffbauer（一七六六～一八二七）はハレの哲学教授で、法精神医学の確立に寄与した。

＊ **ティッソー** Samuel Auguste André Tissot（一七二八～一七九七）はスイス・ローザンヌの医師。種痘擁護論のほか、民衆向けの健康指南書などでヨーロッパ中に名声を博した。フーコーは一九七四～七五年のコレージュ・ド・フランスにおける講義『異常者たち』（原著一九九九）で、ティッソーのオナニスム論をとりあげている。

＊ **およそ三週間後の手紙** 一七九七年四月十九日付のカントからフーフェラントへの手紙（『カ

ント全集』第二二巻、三〇六〜三〇七頁)。

＊**「和平の締結」以外の…** 『カント全集』第十八巻、八五頁以下参照。

＊**養生法に対して積極的普遍…医学に対して消極的普遍** 『カント全集』第十八巻、一三二頁。

＊**病とは…「死の種子」なのだ** 以上の一節には、フーコーの『臨床医学の誕生』(原著一九六三)第8章における、ビシャ(Marie François Xavier Bichat 一七七一〜一八〇二)の解剖学の分析につながる視点があらわれている。

＊**心は適切な動きを…** 問題の『諸学部の争い』の一節で、カントは不安を原因として起こる「痙攣」について、理性的な人間なら、自分の不安に理由があるとしても、そんな痙攣はさておいて自分のなすべき仕事に注意を向けるものだと語っている(『カント全集』第十八巻、一三九〜一四〇頁参照)。

＊**「人間知は…という理念を根拠とする」** カントの実際の文章は以下の通り。「世界知としての人間知は、次のような理念を根底に持っている。すなわち、われわれが人間を用いることを心得ているならば、様々な意図から自然を用いることがもっともよくできるという理念である」(『カント全集』第十五巻「人間学遺稿」、四二八頁)。

4　使用＝慣用の地平

＊**「使用＝慣用 Gebrauch」――フランス語では「usage」という言葉** フーコーの『性の歴史』第二巻『快楽の活用』(原著一九八四)、この「活用」にあたるのが「usage」である。

＊**『人間学』は…** この一文は引用ではなく、フーコーによる『人間学』序文のパラフレーズ。

＊　**定言命法**　カント基本用語集参照。

＊　**「Kunst」**　本書第8章で論じられるこの「Kunst」すなわち「技法」への着目には、一九七〇年代末以来、晩年のフーコーが『性の歴史』やコレージュ・ド・フランスの講義で問題にしつづけた、自己と他者のそれぞれにかかわる「技法 art」、「統治技法 art de gouverner」、「統治 gouvernement」の問題系の先駆けが見られる。

5　心と精神――カント哲学の本源的事実

＊　**「人間学遺稿」**　カントが『人間学』関連で残した一連の「覚書」のこと。本文十七頁参照。

＊　**以上のように**　この段落の叙述は、『純粋理性批判』の「純粋理性の建築術」（『カント全集』第六巻、一二三～一二五頁）を参照してなされている。

＊　**散逸［dispersion］**　本書では「まとまり cohésion」の対義語で、能動的な綜合からつねに逸脱しあふれだす、所与にそなわった多様性のありさまを指している。なお、ハイデガーも『カント書』のなかで、この「dispersion」にあたるドイツ語「Zerstreuung」を同様の文脈で使っている（第十四節、邦訳では「散乱状態」）。

＊　**純粋理性の誤謬推理として解明された「不可避の錯覚」**　『カント全集』第五巻、五二頁。カント基本用語集「仮象と現象」も参照のこと。

＊　**訓練**　ドイツ語では Disziplin、フランス語では discipline。フーコーはこの語に学問的「分野」という意味も読みとっている。discipline とはまた「規律」でもあり、後年フーコーは『監獄の誕生』（原著一九七五）で、権力行使の一様態としてこの概念をとりだすことになる。

＊**「精神とは人間のうちにある生き生きとさせる原理である」** 標記の一文に続けてカントは以下のように言っている。「フランス語では『精神 Geist』と『機知 Witz』は同じ名詞で『エスプリ esprit』と呼ばれる。ドイツ語では事情は異なっている。（…）ここでは機知の力は問題にならない。（…）フランス語の『天才 génie』をドイツ語で表現すると『個人の精神的な原理』となるだろう」（*Anthropologie*, p. 172『カント全集』第十五巻、一六七頁）。

＊**図式** カント基本用語集参照。ここでフーコーが『純粋理性批判』第二版の一節にもとづいて、理念のはたらきに即して図式の問題をとりだすのは、『カント書』のハイデガーが『純粋理性批判』第一版における想像力の持つ図式化作用に注目していたのに対比されるべきだろう。『人間学』における「図式」の用法については、本書八一頁参照。

＊**ヒューム** David Hume（一七一一～一七七六）。スコットランド・エディンバラ生まれの哲学者。人間本性の諸原理を経験と観察にもとづいて解明する「人間の学」が諸学の体系の堅固な基礎になるとして、主著『人間本性論』（一七三九）で知性と情念の探究を展開した。とりわけ因果性を観念連合の習慣によって心が持つ信念と考えたヒュームの論は、カントにとって「独断論のまどろみ」を破る決定的な経験になった。

6 鏡のなかの反復――『純粋理性批判』と『人間学』

＊**「仮象＝見かけ Schein」と「現象 Erscheinung」の大きな対立** カント基本用語集参照。

7　源泉・領域・限界――超越論哲学への通路

＊**『論理学』**　カントがケーニヒスベルク大学で行なった講義をもとに、一八〇〇年に弟子のイェッシェ（Gottlob Benjamin Jäsche 一七六二～一八四二）が刊行したテクスト。編者前書き九頁も参照のこと。なお、フーコーがとりあげるのと同じカントの『論理学』の「人間とは何か」という問いには、ハイデガーも『カント書』のなかで注目している（第三六節以下）。

＊**本源的［originaire］なのか、それとも根本的［fondamental］なのか**　いずれもハイデガー的な色彩の濃い用語で、「本源的」はドイツ語の「ursprünglich」（「根源的」・「起源的」とも翻訳可能な言葉。『芸術作品の根源』、この「根源」の形容詞形。ただし、この語はニーチェの語彙でもある）、また「根本的」は「fundamental」（「基礎的」とも翻訳可能な言葉で、ハイデガーでは「gründlich 根拠的」とも類義的）にあたる。

＊**「観念論に対する論駁」では…**　カントは「観念論に対する論駁」のなかで、時間によって規定され、変化の相のもとに現れる内的経験は、私の外部に広がる空間のなかに見いだされる対象の持続との対比によってはじめて可能になると主張する。この点については、第3章の訳注「『批判』が…分析していた内感」も参照のこと。

＊**「感覚規定 Sinnenbestimmung」**　この語はカントの『オプス・ポストゥムム』には存在しない。逆に『オプス・ポストゥムム』で鍵概念とされるのは、「自己規定 Selbstbestimmung」である。

＊**「世界は複数であってよい」「世界は単一でしかありえないかもしれない」**　原著ではいずれもドイツ語で「es mag viele Welten sein」、「es mag nur ein Welt sein」と記されているが、第7章原注（14）、（15）で参照されている文章は若干異なっており、それぞれ「[世界は]名指しきれな

いほど多数あるかもしれない。…es unnennbar viele geben mag.」「…唯一つの世界しか存在しえない。Es kann（…）nur Eine Welt sein.」となっている。

8　体系的、大衆的

＊ **「体系的」であると同時に「大衆的」**　*Anthropologie*, Préface, p. 85『カント全集』第十五巻、十五頁。「大衆的」の原語は「populär/populaire」で、一般的な訳語は「通俗的」（特に「通俗哲学 Popularphilosophie」）。フーコーはこの語に「民族的」「人民的」「民衆的」といった含意も読みとっているので、「大衆的」という訳語を採用した。のちにフーコーの友人ドゥルーズ（Gilles Deleuze 一九二五〜一九九五）はガタリ（Félix Guattari 一九三〇〜一九九二）とともに、「ポップ哲学 Pop' philosophie」を標榜する。

＊ **人類の生成と到達不可能な諸目的への歩みをあつかう歴史論**　「世界市民的見地における一般史の理念」（一七八四）、「人類史の憶測的始まり」（一七八五）、「万物の終わり」（一七九四）、『永遠平和のために』（一七九五）、『諸学部の争い』（一七九八）などが念頭に置かれている。

＊ **「感性の弁明」と題されたテクストでは…**　*Anthropologie*, p. 103-105『カント全集』第十五巻、四七〜五二頁。ここでカントは、感性に向けられる告発をしりぞけるために、その告発が感性の体現する認識の受動的な契機に根ざしていることを強調している。

＊ **「関係づけ Beziehung auf」**　ないし「…への関係」。本書九二頁の「sich beziehen auf」も参照。『カント書』のハイデガーは、『純粋理性批判』に即して、人間の認識は有限で受容的であるとしても、いや、むしろだからこそ、認識が成立するためには主観を主観の外へと向けるなにかが前

提とされるとして、それを統覚（「我惟う」）の自己触発において成立する「純粋に自己を…に向かわせる自己への関係 reine sich zuwendende *Sich-beziehen-auf…*」（強調引用者）に求めていた（第二九節）。ハイデガーにとって、この自己触発は思考の根源であり、また時間性の根源でもある。

＊**「退屈な会話 eine langweilige Unterredung」と「気を紛らしてくれる人 ein kurzweiliger Mensch」**「退屈な」と訳したドイツ語「langweilig」と「気を紛らしてくれる」と訳した「kurzweilig」は、いずれも「時間 Weile」に「長い lang」、「短い kurz」を冠してできた形容詞で、語源的には「時間を長く感じさせるような」、「時間を短く感じさせるような」を意味する。

＊**「道徳界の慣用表現」** 原語は「idiotismes moraux」で、ディドロ（Denis Diderot 一七一三〜八四）の『ラモーの甥』（一七六〇〜七〇年代執筆）からとられたもの。フーコーは『狂気の歴史』第三部序論でこの著作を論じている。

＊**ユダヤ人…についての注** *Anthropologie*, p. 155-156『カント全集』第十五巻一三八〜一四〇頁。

＊**そこでこそ通じあう** 一九六〇年代のフーコーの文学論とも通底する主題である。次はバタイユ論の一節から。「［哲学者は］自分のかたわらに、みずから語りだす言語、哲学者が主人となることのない言語を見いだす。（…）自分自身がかつて語り、いまや縁遠くなってしまったが、静まりかえっていく空間のなかで周囲を旋回することをやめない言語である」（「侵犯への序言」［一九六三］、西谷修訳、『ミシェル・フーコー思考集成』第一巻、三一六頁参照）。

9 『人間学』の位置

＊**「体系的に構想されて」** *Anthropologie*, p. 85『カント全集』第十五巻、十五頁。ただし、この

体系性が『批判』に基づくというのはフーコーの解釈である。

＊ **知的直観**　人間の「感性的直観」（カント基本用語集参照）とは異なって、「知的直観」は神的知性に属し、自然の超感性的な実在根拠、すなわち人間にとっては不可知な物自体を把握しうるとされる（『判断力批判』第七七節）。つまり、ここでフーコーが言う「知的直観の拒否を根拠づけるもの」とは、カントにおいて主観と客観の区別、理論理性の領域と実践理性の領域の区別の根幹にある、物自体の存在、およびそれと対をなす人間の有限性の認識を指している。

＊ **カントから現代にいたる哲学史の全体を…**　この構想を、「人間諸科学の考古学」の枠内で実現したのが、『言葉と物』第二部である。

＊ **「構造解体」**　フーコーの用語は「déstructuration」。アイロニカルな用法だが、ハイデガーの言う「存在論の歴史の Destruktion」、この「Destruktion」の訳語に当たると思われるので、現行の訳語に準じて「構造解体」とした（『ハイデッガー全集』第二巻『有と時』、辻村公一、ハルトムート・ブッナー訳、一九九七、第六節）。なお、「déconstruction」は、本来このハイデガーの言葉を仏訳するために、デリダ（Jacques Derrida　一九三〇〜二〇〇四）が造った言葉だった。

＊ **フッサール**　Edmund Husserl（一八五九〜一九三八）は現象学的哲学の創始者であり、ハイデガー、サルトル（Jean-Paul Sartre　一九〇五〜一九八〇）、メルロ＝ポンティ（Maurice Merleau-Ponty　一九〇八〜一九六一）らの先行者。ゲッティンゲン、フライブルクの哲学教授。主著に『論理学研究』（一九〇〇／〇一）、『イデーンⅠ』（一九一三）、『ヨーロッパ諸学の危機と超越論的現象学』（一九三六）など。

＊ **「ア・プリオリ」なものの地帯を…解放しようとするものだった**　ここで念頭に置かれている

のは、フッサールの「心理学主義」批判だろう。『論理学研究』のフッサールは論理学を心理学に依存する実用的・技術的な学問分野と考えることを拒否し、論理学の諸概念や真理にア・プリオリでイデア的な客観性があることを主張した。

＊**受動的綜合**　後期フッサールの重要概念。後期のフッサールは、経験の「ア・プリオリ」な形式から、その形式の発生へと探究の対象を移行させる。たとえば知覚において、意識は、時間の流れや個別的で多様なあらわれにもかかわらず、ある対象をまさにその対象「として」把握する。このように多様を意味の統一へともたらすのが意識の能動的な作用としての綜合である。しかし、こうした意味構成的な意識の働きは、あらゆる瞬間にすべての意味付与を一挙におこなうのではなく、むしろつねに構成に先だって与えられた経験の層が先在し、意味付与されているのを見いだすという。このように、意識による構成が作動する以前に「すでにそこに」あるような意味の層として把握されるのが受動的綜合である。

＊**現象学的還元**　私があり、その前に世界が広がっているという経験的態度をいったんカッコに入れて、純粋で超越論的な意識の領野に遡行するためのフッサール現象学の方法。

＊**フッサールの思考はある時期…デカルトに参照を求めた**　特に『デカルト的省察』（一九三一）を指す。一般にフッサール現象学のデカルトに対する関係は錯綜したものだが、ここではそれが現象学的還元によって純粋意識の領野にいたろうとする点でデカルトの方法的懐疑の影響を受けていたこと、またその解明が哲学の全領域の再定礎を可能にすると考えられていたことに注意しておけばよいだろう。

＊**「世界 Welt」と「世界内 In-der-Welt」の問題系**　フッサール以来、現象学は近代科学の代数

化された世界像や近代認識論の主客二元論を批判し、人間によって直接経験される世界に立ち返って、その意味を問うことを主要な課題とした。フッサールの「生活世界 Lebenswelt」への関心や、ハイデガーの「世界内存在 In-der-Welt-Sein」としての現存在分析はそこから派生している。なお、このハイデガーの「世界内存在」の概念は、サルトルでは「世界内存在 être-dans-le-monde」、メルロ＝ポンティでは「世界内属存在 être-au-monde」として変奏された。

＊ **あらゆる現象学的な心理学…現存在分析**　フッサールの現象学は経験的な心理学の様々な流派に影響を及ぼした。そのなかには、メルロ＝ポンティに着想を与えたゲシュタルト心理学も数えられる。しかしここでは、「現存在分析」——ハイデガーの影響下に、世界内存在としての人間の死との関係や生の意味にまで立ち入った分析を加えようとする精神医学の一流派——が批判の対象になっていることが注目に値する。一九五四年に刊行されたフーコーの最初の著作は、現存在分析の第一人者ビンスワンガー（Ludwig Binswanger 一八八一～一九六六）の『夢と実存 *Traum und Existenz*』（一九三〇）への序論だった。第10章訳注「哲学的人間学」も参照のこと。

＊ **この思考**　ニーチェ（Friedrich Wilhelm Nietzsche 一八四四～一九〇〇）の思想を指す。

＊ **「鉄槌を振るいつつ哲学すること」「曙光」「永劫回帰」**　いずれもニーチェへの目配せ。「鉄槌を振るいつつ哲学すること」は『偶像の黄昏』（一八八九）の副題、「曙光」は一八八一年の著作の題名、「永劫回帰」は『ツァラトゥストラかく語りき』（一八八三～八五）に登場するニーチェの主要概念。

＊　**プラトナー**　Ernst Platner（一七四四～一八一八）は医学者・生理学者・哲学者。ライプツィヒで教鞭をとった。その『人間学』はライプニッツ主義の観点から心身関係の解明を志すもので、ドイツ啓蒙後期の人間学の主要著作とされる。

＊　**ケルナー**　Johannes Köllner（一七七四～一八三三）はイエナ大学で哲学・神学・医学などを学んだあと、同地で助手として講義。その後、牧師となった。

＊　**テーテンスの『人間本性とその発展についての哲学的試論』**　Johann Nicolaus Tetens（一七三六～一八〇七）は、一七七六～八九年、キールの哲学教授。その後デンマークで財務高官となった。認識・意志・感情という人間の心的能力の三区分説を提唱した点で、カントの先行者の一人と見なされる。なお、フーコーは著作の題名を『人間本性についての研究』としているが、正確を期す。

＊　**プラトナーの『人間学』初版**　カントは「人間学講義」で、この著作を「学校的《スコラ》な人間学」と呼んでいる（『カント全集』第二〇巻、二九五頁）。一七七三年末のヘルツ宛の手紙ではこの著作を引き合いにして、自分の人間学は「すべての学問の源泉を、道徳、熟練、社交、そして人間を形成し統御する方法などの源泉を開示すること、つまりはすべての実践的なものの源泉を開示すること」を目指すと語っている（『カント全集』第二一巻、七九頁）。

＊　**バウムガルテンの「経験的心理学」（一七三九）**　フーコーは刊行年を「一七四九」としているが、史実に即して訂正する。なお、カントが所蔵していたバウムガルテンの『形而上学』は一七五七年刊の第四版である。

＊　**ヴォルフ**　Christian Wolff（一六七九～一七五四）は、ブレスラウ（現ポーランド・ヴロツワフ）生まれの哲学者。ハレの教授。ライプニッツと同様、あらゆる学問分野で仕事をした人物で、数学的方法にもとづく体系性によってドイツ学校哲学に大きな影響を及ぼした。

＊　**規範的なもの、すなわち正常なものについての学**　この一節は『正常と病理』（原著一九四三）の著者ジョルジュ・カンギレーム（Georges Canguilhem　一九〇四～一九九五）へのオマージュだろう。この科学哲学者はフーコーの師の一人で、博士論文主論文の審査官でもあった。

＊　**ローダー**　Justus Christian Loder（一七五三～一八三二）は現ラトヴィア・リガ生まれの医師。イエナとハレで解剖学教授。のちケーニヒスベルクとモスクワで活躍。

＊　**ラクルテル**　Pierre Louis de Lacretelle（一七五一～一八二四）。メス生まれのフランスの法律家、文筆家。著述活動のほか、フランス革命期には立法議会議員を務めた。

＊　**イートは…**　フーコーは「イート」ではなく「カント」（！）と記しているが、文末の原注（23）が参照を求めているのは、本書十九頁と第1章（11）でも言及されたイートの『人間学試論』なので、標記の通り訂正する。なお、イートの著作では原注（23）の参照箇所に続く八〇～八二頁で、ヴォルフ、プラトナー、ローダー、ラクルテルにおける「人間学」という術語の用法が引用・注釈されている。

＊　**まだデカルト主義を踏襲していた…「人間論」**　デカルト（René Descartes　一五九六～一六五〇）の『人間論』（初版一六六四）は、解剖学的な観点から人間の身体組織を論じたもの。ここで言われる「デカルト主義」は、心身二元論にもとづく人間身体の記述・分析を意味している。

＊　**ロックの思想**　John Locke（一六三二～一七〇四）は『人間知性論』で生得的観念の存在を否定

し、人間精神が観念（外界の表象）を獲得するのは経験によってであるとして、外的な感覚と内的な反省を介した諸観念の形成を説いた。

＊**「人間 - 知 Menschen-Kenntnis」の両義性**　自然的存在としての人間の客体化と、主体としての人間の能力の限界確定――この結びつきの批判こそ、「ビンスワンガーの『夢と実存』への序論」を出発点として、『狂気の歴史』、『臨床医学の誕生』、『言葉と物』へと展開される、フーコーの中心的課題だった。

＊**デカルトの思想はいちはやく…**　『省察 *Meditationes de prima philosophia*』（一六四一）の第四省察では、人間認識の誤謬の起源が意志と知性の相互関係から説明される。人間は知性より強くより広範な意志を神から授かっており、その意志を知性の限界を超えて用いる時に誤謬に陥るというのである。また第五省察のいわゆる神の存在論的証明では、無限の実体としての神の観念は有限な私からは生じえず、実在する無限な実体から出てきたのでなければならないとされる。

＊**『自然科学の形而上学的原理』**　フーコーは「自然の原理 *Anfangsgründe der Natur*」と記しているが、ここでは正式のタイトル *Metaphysische Anfangsgründe der Naturwissenschaften* に即した。

＊**他方では経験的にかたちづくられ、歴史的に展開された知の原理を置いて**　原文ではこの一節に「『批判』のなかで」という一句が付されているが、フーコーの誤記と思われるので削除した。

＊**批判の厳密さ**　原著には「批判の活力 vigueur」とあるが、カンギレーム所蔵本のフーコーの手書きの書き込みに即して「批判の厳密さ rigueur」と読む。

＊**「哲学的人間学」**　その提唱者であり、フッサールの教え子であったシェーラー（Max Scheler 一八七四～一九二八）にとって、「哲学的人間学」とは「人間とは何か、そしてまたその存在のなか

における状況はいかなるものか」という問いに、生物学・医学・心理学・倫理学・社会学・法学・歴史学・神学などの諸学の交点で答えようとするものだった。シェーラーの追憶に捧げられた『カント書』のなかで、ハイデガーはこの長年の友人の「哲学的人間学」の問題提起に一定の評価を与えながら、さらにそれをのりこえて「基礎的存在論」を構想することの必要を説いていた。このハイデガーの立場も踏まえつつ、フーコーが本書で「哲学的人間学」と呼ぶのは、「人間とは何か」という問いに経験的な水準でとりくみながら、超越論的で規範的な知として自身を示すような認識一般のことである。カントの同時代から二〇世紀にいたるその潮流のなかに、フーコーはフッサール、サルトル、メルロ＝ポンティのみならず、ハイデガーその人をも含んでいただろう。実際、フーコーはかつて、ビンスワンガーがハイデガーの影響下に展開した現存在分析に現代における「人間学」の本流を見て、それを擁護していた（前掲「ビンスワンガー『夢と実存』への序論」、七八〜七九頁）。なお本書の執筆と同時期に、フーコーの年長の友人であったアルチュセール（Louis Althusser 一九一八〜一九九〇）は、疎外論的マルクス主義に対抗して、そののち『マルクスのために』（原著一九六五）に収められる「哲学的人間主義 l'humanisme philosophique」の批判を展開しつつあった。

訳者解説

ここに『カントの人間学』として公刊する書物は、Emmanuel Kant, *Anthropologie du point de vue pragmatique*, précédée de Michel Foucault, *Introduction à l'Anthropologie de Kant*, Paris, Librairie philosophique J. Vrin, 2008 のうち、「カント『人間学』への序論」を原題とするミシェル・フーコーの論文の日本語訳である。

編者前書きにもあるように、本書およびカント『実用的見地における人間学』の翻訳と注記は、一九六一年、フーコーが文学博士号取得のためにソルボンヌ大学に提出した主副二つの論文のうちの副論文にあたる。いまからほぼ半世紀前、フーコー三五歳の作品になる。同時に提出された主論文が『狂気の歴史』、フーコーが終生、自分の最初の著作として語りつづけた大著だった。実際、フーコーはそののち怒濤の勢いで、私たちには周知の数多くの著作を発表していった。起伏の激しいその行程が、「知」から「権力」へ、そして「自己」へ、という断続的な問題設定の変更を伴うものであったことも、比較的よく知られているだろう。

けれども、『カントの人間学』を読む者には、それらフーコーの試みのすべてが、この小さな書物にあらかじめ孕まれていたように映るかもしれない。ここで若きフーコーは、老いゆくカントが生前最後に発表した『人間学』（一七九八）を、哲学者カントの全行程のなかに位置づけてみせる。フーコーは、まさにカントが終わろうとしている地点から始めるのだ。本書以降、フーコーが生涯を通じてつねに啓蒙の時代からフランス革命にいたるヨーロッパの十八世紀末に起こった断絶に注目しつづけたのも、この時代、カントとともに、現代のわれわれのものでありつづけている問題、自分自身がとりくむべき問題が出現するのを認めたからにほかなるまい。だとすれば本書は、カントの『人間学』への、あるいはカント哲学一般への特異な序論であるばかりか、フーコーがその後とりくむ膨大な仕事への序論であり、プログラムなのである。

とはいえ、このテクストは決してとっつきやすいものではない。論文の審査官たちが口をそろえてさらなる展開を求めたのも、このテクストを前にした戸惑いを明かしているようにもみえる。そんな戸惑いが生まれたのは、フーコーがこのカント読解を通じて、決して名指されることのない一人の哲学者に挑戦していることがよく理解されなかったせいにちがいない。その哲学者の名はハイデガー。『純粋理性批判』に存在論の根拠づけを読み込んだ、『カントと形而上学の問題』(『カント書』)の著者である。事実、フーコーは本書でハイデガーにかぎりなく接近しながら、ハイデガーを裏切っている。しかもその裏切りを、どこまでもカントに忠実であることによって果たすのだ。

──「批判」の企ては、カントの『人間学』によって反転=反復され、それを通路として、最晩年の「超越論哲学」の展望を開く(フーコー『カントの人間学』)。──「批判」の企ては、カントの「哲学的人間学」の構想を通路として、私自身がとりくもうとする「基礎的存在論」の展望を開く(ハイデガー『カント書』)。

フーコーとハイデガーの近さと遠さは、それぞれのカント論の構図を右のように対比してみればはっきりする。「批判」から「人間学」を介して「超越論哲学」ないし「基礎的存在論」へ、という三項図式は両者に共通しているけれど、フーコーは三つの点でハイデガーから距離をとっている。第一に、ハイデガーにとって「基礎的存在論」は自分自身がとりくむべき仕事であるのに対し、フーコーは「超越論哲学」をカントの最晩年の仕事のなかに見いだすこと。第二に、ハイデガーにとって「人間学」は「批判」から「基礎的存在論」にいたるまっすぐな通路であるのに対し、フーコーは「人間学」に「批判」の反転＝反復を認めること。第三に、ハイデガーがカント『論理学』の「人間とは何か」という問いから読みとられた「哲学的人間学」の構想に注目するのに対し、フーコーはあくまでも、「世界＝世間」のなかで「人間は自分自身をいかになすべきか」を問うカントの『実用的見地における人間学』にこだわること。要するに、フーコーが考えるカントは、ハイデガーが考えるカントよりもう少し徹底的でもう少し屈折しているのだが、そんな徹底性も屈折も、あの、どこまでも実用的な『人間学』から来るというのである。

　しかし、そんな異論を唱えたのも、フーコー自身がハイデガーのカント読解の核心を反復しながら反転させることによって、ハイデガーの問題圏の外に出ようとしていたからにちがいない。ここでハイデガーのカント読解の核心というのは、有限性を受動性と能動性の交錯においてとらえ、その根底に時間との関係を見る立場にある。実際、『カント書』のハイデガーは、『純粋理性批判』が示すような有限で受動的な認識を成立させるのは、主観の内にあって主観をその外に向かわせる能動的ななにかであるとして、そのなにかを最終的に、思考の根本的な統一を担う超越論的統覚（「我惟う」）の自己触発に見いだしていた。「我惟う」の基底には「私」の自覚があり、「私」の「私」に対する関係（ずれ）がある。この自己への関係こそが時間の経験の根源にあって、主観をその外のなにものかに向かわせるというのである。ハイデガーにとっては、この認識する「私」の超越を、実存する「私」の「世界」に向けての超越へ、さらに「存在」そのものに向けての超越へと、より深い形而上学的統一を求めて反復するところに存在論への歩みがある。その際、「哲学的人間学」は、いわば認識の領域と実存の領域の通路として位置づけられるのだ。

　これに対して、フーコーは本書のなかで繰り返し、『批判』のア・プリオリな水準と、『人間学』の経験的な水準の区別を強調している。その区別を通じて、受動性と能動性の対が『人間学』でどんな姿をとるかが少しずつ示されていく。まず、ハイデガーが重視する統覚、決してそれ自体としては対象にならない「私」が、『人間学』にそのままのかたちであらわれることはない。この『人間学』で問題になるのは、「世界＝世間」のなかで客体化されつつなお自由な主体にとどまる、そんな「私」なのだから。また『批判』では、認識主観が所与の多様を綜合するはたらきを担うのに対して、『人間学』では、日常的ないとなみの主体はすでになされた綜合のなかに置かれる。そこでは、主体のふるまい（「使用」）は、すでにある綜合、つまり人々の「慣用」に身を添わせなければならない。なるほど『人間学』が見る「心」には、「精神」、そして「理念」という能動性の原理がそなわっている。それゆえに『人間学』では、「心」の分析は『批判』のような内面的な能力の分析にはとどまらず、能力の外面へのあらわれを射程に収めることにもなるだろう。しかし、そうして外面にあらわれるやいなや、「心」の能力は我を見失い、失調し、倒錯してしまうのだ。だから『人間学』では、それをあらためて能力の根幹に結びなおすことも必要になる……

　本書の『人間学』読解の白眉とも言える第8章で、フーコーはそんな「世界＝世間」のなかの主体の逸脱や失調や倒錯がどこから来るかを明かしている。それはなによりも時間との関係から来るのだという。『批判』において、時間はあくまでも認識主観の持つ形式であり、多様の散逸はその形式を通して統覚の統一（綜合）によってあらかじめ支配されたものとして示される。そこに主観における受動性と能動性の交錯があらわれているといっても、それはあくまでも認識のア・プリオリな可能性の形式的条件にすぎない。反対に『人間学』の経験的な水準でこそ、主体は時間のなかで活動する。だからこそ、主体の活動はたえずおのずから散逸し、自分自身からずれるのであり、その散逸を主体がのりこえることは決してできないのだ。主体は時間に対してどこまでも受動的であるがゆえに、あらゆる逸脱や失調や倒錯にさらされる。しかし同時に、時間がもたらすその散逸こそが主体の能動性の根拠であり、主体にさらなる活動を促す。その散逸は綜合がつねに仮初めのものでしかないことを示し、誤謬の可能性とともに誤謬を正す自由を主体に与えるからである。たとえその自由の行使が、主体をふたたび散逸の危険にさらすのだとしても。つねにすでに作動している時間の経験は、そして「本源的」な自己への関係は、『批判』のア・プリオリな可能性の水準ではなく、その可能性をたえず現実的な散逸にさらす『人間学』の経験的な水準でとらえられなければならない。『人間学』はこうして『批判』を反転=反復する。それとともに、ハイデガーのいう「私」の「超越」も、フーコーによって人々が日常的に繰り返す「散逸」へと反復=反転されるのである。

　かくして、カントの『人間学』の「世界=世間」は生々しい姿をとってあらわれる。この「本源的な」水準で特権的な主題となるのは、「技法」と「言語」だという。「技法」とは、まさに時間のなかで苦闘する人々のふるまいややりくりの総体のことだ。老いたカントが死を前にして思いを凝らしていた養生法や、結婚という法的関係のもとに置かれた夫と妻のあいだで演じられる浮気すれすれの駆け引きは、この「技法」の主題につらなっている。一方、「言語」の主題は、その時間の経験のなかでやりとりされる言葉と、言葉のやりとりそのものにかかわる。そこで注目されるのはいわば語用論《プラグマティック》の空間である。すなわち、交換され、流通しているかぎりで内容と効力を持つような知や規範が、あるいは哲学と非哲学が対面する饗宴の作法が、つまり単に話す存在としての人々が集う語らいの場の作法が問題になる。まさにこの語らいのなかに、フーコーは個別的普遍の実現を見る。言葉のやりとりを介して、「世間」は「世界」に通ずるのだ。

フーコーによれば、『人間学』において「技法」と「言語」という二つの主題から浮かびあがってくるのは、真理(たえずやりなおされる綜合)と自由(綜合のやりなおしの可能性)が、個別的かつ普遍的な主体において結びつくという事態にほかならない。この結びつきを有限性との関係において考察することこそ、カントが最晩年に試みた「超越論哲学」の課題だった、フーコーはそう断定する。

カントの未刊遺稿集『オプス・ポストゥムム』で「神・世界・人間」の関係を通じて問われていたのは、真理と自由と有限性のこの結びつきなのだ、と。そのフーコーにとって、『論理学』でカントが発した「人間とは何か」という問いは、「批判」の「ア・プリオリ」な水準の問いを、「超越論哲学」の「根本的」な水準の問いに転換する機能しか持たない。この「根本的」な水準においてはじめて、「私」の自己触発が、すなわち有限性の自己自身への働きかけが、真理の創出と自由の行使として理解される。つまり、「超越論哲学」は有限性の「超越」の終着点であるどころか、有限性の自由を根拠づけ、有限性を新たな真理の創出へ、たえずやりなおされる綜合へと向かわせるのだ。そのとき、通り過ぎられた『人間学』の領域は、もはや『批判』の陰画《ネガ》としてではなく、むしろ「超越論哲学」の陽画《ポジ》としてあらためて反転されるだろう。人々の日常のいとなみが見せる「散逸」は、こうして新たな真理を生み出す有限性の自由のあらわれになる。この「世界=世間」のただなかで続けられる人々の苦闘そのものが、限界から踏み出してはたえずその限界を引きなおす限界の経験になるのだ。カントからニーチェへの道が開かれる。フーコー自身が歩もうとする道が。様々に分岐しながら「世界=世間」の実用のなかに分け入っていく道である。

しかし、カントの『人間学』が「人間とは何か」という問いに答えようとするのではなく、人々のいとなみの「散逸」に、あるいはその「散逸」のただなかから「散逸」をのりこえていこうとする苦闘にこそ注目していたのなら、そこで「人間」はすでにいささか「超人」でもあったと言うべきではないか。おそらく、ハイデガーに対するフーコーの最大の異論は、ハイデガーがこの機微を理解しなかった点にある。そんなことになったのも、ハイデガーが「批判」と「人間学」と「存在論」の関係をあまりに単純に考えたせいなのだ。ア・プリオリな水準で見いだされた有限性の「超越」を、実存論の水準で同型的に反復しながら「存在」に送りつけようとした結果、ハイデガーはその「超越」をあらゆる水準で妥当する規範として機能させてしまった。だからこそ、ハイデガーは経験的な水準で「超越」が「散逸」に反転することを理解せず、「散逸」を「超越」の名において断罪するのだ。そもそも、「批判」を「存在論」につなぐ一本道から『人間学』を排除する『カント書』の身振りは、「気紛らし」と「おしゃべり」に興ずる「ひと」の日常に本来性からの頽落を見る、『存在と時間』の身振りと正確に一致している。

だとすれば、この偉大な先行者も結局、カントの哲学的行程とその『人間学』

の特異性を理解せず、人間学の問題を「人間とは何か」という問いに集約させてしまった多くの者の末裔ということになる。人間の本質を問う人間学を、人間の本質からの超越を本質とする実存論として受け継ぐ異例の末裔である。フーコーは本書最終章で、その十八世紀末に勃興した人間学を、生理学や心理学の視点から人間を客体化し、そこで得られた経験的認識に主体としての人間のア・プリオリな規範を見るような認識として描き出している。この人間学に見られるのは、まさにカントが異なる水準のものとして区別していたア・プリオリな主体の能力についての認識と、経験的な対象の認識の混同にほかならない。その混同から出発して、人間学は主体の能力を経験的に確定された本質のなかに囲い込もうとする。しかし時間の経験によって、有限な主体はつねに「散逸」せざるをえないから、経験的な水準で有限性の限界を確定しようとするそんな試みは破綻するしかない。だからこそ、この時期以降、あらゆる人間学的な思考は、「同」と「異」の問題、「疎外」の問題、そして「弁証法」の問題に取り憑かれることになるというのである。

フーコーがこの『カントの人間学』でつかんだ問題、フーコーがそののち決して手放そうとはしなかった問題はここにある。十八世紀末、「人間学」の領野で起こった有限性についての二つの思考の交錯に。すでにカントが示唆していたように、有限性に真理と自由の結びつきを認め、「世界＝世間」でくりひろげられる「散逸」を肯定的な限界の経験として考えるのか。それとも、多くの人間学者とその末裔たちがしてきたように、有限性を特定の本質のなかに囲い込み、「散逸」を否定的なものと見なすのか。フーコーは断固として、カントの歩みが終わったところから、カントに忠実に自分の歩みを進める。日常的な人々のふるまいや語らいに眼を向けよう。というより、自分が身を置いているこの「世界＝世間」のなかから、自分自身の苦闘を始めよう。それも、まるで戯れのように、ゲームの規則を踏み越えながら。いや、むしろ、そんなふうに快活に苦闘を続けていくべきだろう。ふりかえってみれば、いつだってゲームはすでに始まっているのだから。

本書から数年後、『言葉と物』で「人間学のまどろみ」を批判し、「経験的＝超越論的二重体」としての「人間」など、「波打ち際の砂の上の顔」のように早晩消え去るだろうと書くときも、フーコーはカントの弟子である。フーコーにとっては、そもそもカントこそ、時とともに散逸するその「波打ち際の砂」をいちはやく察知した哲学者なのだ。その後、「知」と「権力」の問題をとりあげた一連の仕事も、カントの「超越論哲学」の境地を見届けたのち、「言語」と「技法」のそれぞれの領野に立ちかえり、すでになされた綜合をどこまでも仮初めのものとして示そうとする試みだったにちがいない。そしてなにより、最晩年になってフーコーが「自己」の問題にとりくもうとするときにも、ふたたびカントが回帰する。「啓蒙とは何か」と題された一九八四年のテクストで、フーコーがカントに見いだす「われわれの現在の存在論」とは、すでにフーコーが本書でカントに見いだしていた、有限性における真理と自由の結びつきを正面から問いなおそうとするものにほかならないのだから。——円環は閉じられようとしていたのか？それとも、フーコーは老いて若返ったのか？　いずれにせよ、ひとつのことはたしかである。フーコーがこの『カントの人間学』でつかんだのが、終わりのない問題だったということは。

最後に本書のテクストについて一言。このテクストは本来フーコー自身が出版のために校閲したものではなく、ヴラン社刊のこの翻訳の底本もしかるべき校訂を経たものとは言いがたい。そのため翻訳に際しては、論文原本のうち、フランス国立図書館所蔵のマイクロフィッシュ版（ソルボンヌ大学図書館所蔵本の複写）および高等師範学校図書館所蔵のジョルジュ・カンギレーム旧蔵本を底本と照合したうえで、眼についたかぎりで底本に見られる明らかな間違いについて訂正・注記をほどこした。本書が多少なりとも正確で、論旨を辿りやすい本になっていれば幸いである。

しかし、本書に見るべきところがあるとしたら、それは多くの方々から頂戴した助力の賜物である。この場を借りて厚く感謝申し上げたい。ドイツ語・ラテン語の引用、本文記述および原注・原著編者注の確認について、大いに手をわずらわせた斉藤渉、吉田耕太郎、渡邉浩一の三氏に。カント解釈については、この三氏に加えて松山壽一氏に。また、ここで名前を記すことは控えさせていただくけれども、上記各氏をはじめ、去年の夏、私の勤務先の京都大学人文科学研究所で、長時間にわたり辛抱強く訳稿を検討して下さったみなさんに。そして新潮社の長井和博氏に。この編集者がフーコーのフランス語と私の日本語の一語一語に眼を光らせていなければ、本書が現在あるような姿をとることは決してなかっただろう。

とはいえ、本書の訳文の最終的な責任はひとえに私個人にある。翻訳・注記については細心の注意を払ったが、思わぬ間違いがないともかぎらない。読者の方々の御指摘を待ちたい。いまはただ、この『カントの人間学』が半世紀近い時を超えて、ミシェル・フーコーが哲学者としての出発に際して見せた荒々しくかつ繊細な思考の息吹を、少しでも多くの読者に伝えられることを祈っている。

二〇一〇年二月　パリにて

王寺　賢太

カント基本用語集

批判 Kritik　カントにとって「批判」とは、理性による理性自身の能力の吟味であり、理性の能力の限界をさだめ、形而上学の可能性を確定する任務を負わされている。理性は認識能力の一種なので、理性の批判は認識能力の批判となる。カントは認識能力を感性・知性・理性に大別し、さらに、狭義の感性・想像力・知性・判断力・狭義の理性に細分する。それに即して、一般的には、『純粋理性批判』(1781) は純粋知性の批判として真 (＝認識) の領域に、『実践理性批判』(1788) は狭義の純粋理性の批判として善 (＝倫理) の領域に、『判断力批判』(1790) は純粋判断力の批判として美 (＝美学) の領域にかかわるものとして理解される。

感性 Sinnlichkeit　『純粋理性批判』では、主観が対象によって触発されることによって表象を受けとる能力、受容性。ここで触発とは、心がなんらかのはたらきを受けること。この感性によって与えられるのが直観 (感性的直観) であり、その形式が空間と時間である。

知性 Verstand　ラテン語では intellectus、フランス語では entendement、英語では understanding。『純粋理性批判』では、直観によって与えられる多様に、純粋知性概念、すなわち量・質・関係・様相といったカテゴリーにしたがって統一をもたらす主観の能動的な能力。対象の認識は、この知性的な概念においてはじめて成立する。またこの概念によって、認識の対象について判断を下し、対象に法則を与えることも可能になる。なお、カントの邦訳では従来「悟性」という語があてられてきたが、それはカントが同義語としたラテン語 intellectus とドイツ語 Verstand に別々の訳語をあてたためであり、その結果、同根の概念を指すヨーロッパ諸語が、カントでは「悟性」、ロックでは「知性」と訳されるような事態を招いている。その経緯を踏まえて、本書では「知性」という訳語を採用した。

理性 Vernunft　感性・知性・理性という人間の認識能力の区分において最上位に位置し、思考の最高の統一をもたらす能動的な能力。その統一は、知性が諸現象にもたらす多様な規則を、理性的な推論の前提である原理にもとづいてより高次で体系的な統一にもたらすことで果たされる。『純粋理性批判』において、「理性」の能力は推理・推論にもとづく論理的なものと、理性自身に由来する概念や諸原則にかかわる超越論的なものに大別されるが、その双方から導かれるのが純粋理性概念、すなわち魂・世界・

神といった理念である。理念が指すのは超経験的なものなので、それは決して「構成的」に、すなわち経験的な対象として与えられるかのように使用されてはならない。理念は「統整的に」、つまり知性の探究に究極の統一への方向づけを与えて、それを導くような仕方で使用されなくてはならない。一方、『実践理性批判』においては、道徳的な絶対的原理としては意志の自律（自己立法性）が立てられる一方、自由・魂の不死・神の存在の三つの理念が、実践の究極目標である最高善、すなわち徳と幸福の綜合を実現するために要請されるものと位置づけられる。さらに、物自体が物自体に働きかける自由の領域をあつかう『実践理性批判』では、理性こそが実践において自分と自分の諸概念の実在性を実行によって証拠だてるとされる。

超越論的 transzendental 批判とは理性による理性自身の能力の吟味である――『純粋理性批判』のカントは、理性のこの自己関係性を「超越論的」と呼んで、経験の可能性を超え出ることを意味する「超越的」と区別する。したがって「超越論的」なものは、ア・プリオリなものにかかわる。ただし、本書でフーコーがカントの「超越論哲学」について語るときには、批判そのものより、批判を「予備学」とする「形而上学」が意味されていることに注意。その際にも、「超越論哲学」という語で「形而上学の思弁部門」もしくは「存在論」を指したカントの用法が踏まえられている。

ア・プリオリ a priori ラテン語で「先に」という意味を持つ言葉で、「ア・ポステリオリ」すなわち「後に」の対義語。カントでは、「経験に先立つ」こと、「経験に依存しない」ことを意味する。『純粋理性批判』のカントは「ア・プリオリ」なものを、認識そのもの、つまり認識するわれわれの主観の側にあって、主観が認識の対象に投入するものの側に見いだす。具体的には、空間と時間がわれわれの主観（感性）のア・プリオリな形式とされるのである。なお、本書のなかでフーコーは、「ア・プリオリ」を「本源的」、「根本的」とならんでカント以後の哲学の領域を区分する三つの水準を指すのにも用いている。その際、「ア・プリオリ」は批判の水準に、「本源的」は人間学の水準に、「根本的」は『オプス・ポストゥムム』で展開される「超越論哲学」の水準に位置する。

主観 Subjekt と客観 Objekt フランス語では sujet / objet。認識論上の対概念で、それぞれ「主体」/「対象」、「客体」とも翻訳可能。ただし、カントが特に「対象」にあたるドイツ語 Gegenstand を用いて「客観 Objekt」と微妙な区別を設けるのに対して、フランス語にはそれに相当す

る区別がなく、フーコーも双方に objet という仏訳をあてている。本書ではカントの原文にも配慮しながら、フランス語の sujet / objet を、主観・主体／客観・対象・客体と文脈に応じて訳し分けた。

物自体 Ding an sich　一般には、認識主観から独立に、それ固有の存在のありかたをしているものを意味する。批判期のカントは物を、認識不可能な「物自体」と認識可能な「現象」の二つの側面でとらえる。したがって、「物自体」はいわば「現象」の背後にあって、理性の認識能力を限界づけるとともに、それを可能にするものである。さらに「物自体」の概念はいわゆる物ばかりではなくて人間にも妥当するから、それによって人間が「現象」としては自然の因果法則に服しながら、「物自体」としては自由の法則に従うと考えることが可能になる。この意味で、「物自体」の概念は『純粋理性批判』と『実践理性批判』のつなぎ目にあり、カントの批判哲学の体系全体を可能にするかなめでもある。

仮象 Schein と現象 Erscheinung　一般に「仮象」とは「見かけ」、すなわち「真理」と見えながら実際には誤謬であるもの、単に主観的な「表象」。『純粋理性批判』では、判断の誤謬に起因する経験的仮象、誤謬推理に起因する論理的仮象、理性による超経験的な次元と経験的な次元の混同に起因する超越論的仮象（超越論的錯覚）の三種に大別される。この超越論的仮象とは、統整的に使用すべき理念を経験的な対象として構成することが可能であると考えることから生じる、理性にとって「不可避な錯覚」とされる。一方、「仮象」とは異なって、「現象」とは、現実に与えられたものとしての対象が対応している「表象」であり、知性の法則にもとづいて、感性との関係におかれた対象について事態を客観的にあらわす。

表象 Vorstellung　ラテン語では repraesentatio、フランス語では représentation。カントがライプニッツ－ヴォルフ学派から引き継いだ概念で、『純粋理性批判』のなかでは、感性的直観から知性的・理性的な概念までを含むとともに、理性がとりあつかう表象像、表象能力、表象の仕方、表象作用といった多義性を帯びている。したがって、「表象」とは、認識の可能性の条件を探究する批判において分類され、条件づけられ、限界づけられるものであると言ってよい。『言葉と物』のなかで、フーコーは「表象」を古典主義時代のエピステーメーを支配する概念として位置づけ、このエピステーメーが「限界」に直面する時期を十八世紀末に見る。その哲学的なあらわれとされるのが、とりわけカントの批判哲学だった。

直観 Anschauung　対象に直接的に関係する表象のこと。カントによれば、

人間において直観は感性的なものである。

想像力 Einbildungskraft　フランス語では imagination。『純粋理性批判』では、現前していない対象を直観のうちに表象する能力、あるいは直観が与える多様を一つの形象へともたらす主観の能力。通常、カントの邦訳では「構想力」と訳されるのが普通だが、ここでは「想像力」というより一般的な訳語を採用した。

綜合 Synthesis　カントの認識論において、感性的直観によって主観に提示される多様を、知性によって統一した対象の概念にもたらすために、多様を通覧し、とりあげ、結合するはたらき。このはたらきは『純粋理性批判』第一版では想像力に、第二版ではむしろ知性に属するものとされる。本書のなかでフーコーは、認識論上の意味と同時に、より一般的に、多様で雑多なものをまとめあげ、一つの形式を与えるという経験的なはたらきの意味でも、「綜合」という言葉を用いている。

図式 Schema　感性的直観と知性的概念を媒介する役割を果たす想像力のはたらき。ただし、本書においてフーコーは、カントが『純粋理性批判』第二版で、理念のはたらきに即して「図式」について語っていることに注意を促している。

定言命法 kategorischer Imperativ　なんらかの意図（例えば幸福の実現）に関係させることなく、それ自体として客観的に必然的なものとして行為を命ずる、必当然的な実践の原理。その定式化のひとつが「汝の意志の格率［行動指針］が、つねに同時に普遍的立法の原理として妥当するように行為せよ」。

カントの人間学《にんげんがく》

著　者……ミシェル・フーコー
訳　者……王寺賢太《おうじけんた》
発　行……2010年3月25日

発行者……佐藤隆信
発行所……株式会社新潮社
郵便番号 162-8711　東京都新宿区矢来町71
電話　編集部(03)3266-5411
読者係(03)3266-5111
http://www.shinchosha.co.jp

印刷所……大日本印刷株式会社
製本所……加藤製本株式会社

乱丁・落丁本は、ご面倒ですが小社読者係宛お送り下さい。
送料小社負担にてお取替えいたします。
価格はカバーに表示してあります。

ISBN978-4-10-506707-6 C0010